T0150504

LA SECTE DES SŒURS BACCHUS

BIBLIOTHÈQUE D'ÉTUDES CLASSIQUES

LA SECTE DES SŒURS BACCHUS

hilarotragédie en cinq actes

André ARCELLASCHI

secundum BACCHIDES *illas quas*
Plautus ipse uortit barbare

ÉDITIONS PEETERS

LOUVAIN – PARIS

1997

ISBN 2-87723-343-X (Peeters France)
ISBN 90-6831-944-2 (Peeters Leuven)
D. 1997/0602/43

TABLE DES MATIÈRES

PERSONNAGES

PISTON, *jeune homme, amant de* BACPLUS.
BIDON, *présentateur télévisuel.*
Quatre autorités médiatiques sectiphobes.
BACPLUS *et* BACSANS, *sœurs jumelles.*
Un esclave, technicien de surface.
LYCY, *professeur d'école des écoles.*
LARTICHE, *esclave; chargé d'affaires.*
NIKI, *père de* MNESY.
MNESY, *amant de* BACSANS.
PHILO, *père de* PISTON.
Un parasite.
Un petit esclave au noir.
LACOGNE, *fouetteur maison, appariteur musclé.*
BAROUDEUR, *légionnaire.*

LA SECTE DES SŒURS BACCHUS

La scène est ici ou ailleurs, dans une ville portuaire.

Les quatre médiatiques parlent en quatrains, quadrisyllabiques.
Deux voix de femmes et deux voix d'hommes, quatuor vocal, comme pour une partition musicale.
On distribuera le texte entre les voix, dans l'ordre que l'on voudra.
On s'efforcera de donner l'impression de «fugues parlées», en laissant la première voix répéter son texte, tandis qu'interviendra la seconde voix, etc.
D'une manière générale, il conviendra de varier le jeu de ces parties lyriques.

On pourrait bien évidemment encore faire appel à un véritable compositeur.

Le décor représente trois maisons et un trottoir sur une place.
A gauche, maison de NIKI.
Au centre, maison des BACCHUS, avec un balcon.
A droite, maison de PHILO.

PROLOGUE
BIDON ET LE CHŒUR DES QUATRE AUTORITÉS.

On s'active autour de BIDON: essais de micros et de lumières. Pendant ce temps, un jeune homme, PISTON, entre par la droite, hésite à rentrer chez lui, va frapper à la porte des BACCHUS, revient devant chez lui, se frappe la poitrine, s'assoit sur le bord du trottoir, tête dans les mains, se tient le cœur et recommence son manège.

Bidon: (*Aux spectateurs*) Si vous êtes bien assis dans la salle et confortablement installés, l'émission peut commencer. Mais,

surtout, calez-vous bien les reins et le bassin du bas-rein, car le sujet de ce soir n'est pas de tout repos: problème des sectes, c'est tout dire... Encore deux minutes à attendre pour le générique. Les toilettes? Oui, alors vite; les dames à gauche, les messieurs à droite; Les autres? *Ad libitum*, à sa libido de lavabo. Mais faites au plus vite. Le spectacle n'attend pas le soulagement de toutes les envies et de toutes les angoisses, même quand il s'agit des sectes. (*On entend un énorme bruit de chasses-d'eau*). Ah! Le générique! On va pouvoir enfin commencer.
Bonsoir mesdames,
bonsoir messieurs,
bonsoir mesdemoiselles
jeunes filles et vieilles filles,
jeunes garçons et vieux garçons,
veilleurs de nuit et garde-malades,
gardiens de phares et pompistes nocturnes,
vous tous qui suivez avec passion nos entretiens, soyez les bienvenus au débat de ce soir, qui va vous éclairer à fond sur le terrible problème et le danger horrible des sectes. (*A nouveau: le générique aquatique*).
Pour traiter de façon exhaustive du thème tragique qui nous hante tous et nous ravage dans nos nuits d'insomnie, nous avons fait appel ce soir à quatre sommités qui font autorité es-qualités et quasiment en la matière. Inutile de présenter nos invités: quatre personnalités médiatiques, spécialisées dans la secte et capables au terme du cheminement d'une mûre réflexion et d'une thèse bidouillée en quatre ans de nous livrer en termes concis la teneur immense de leurs pensées et de leurs commentaires. D'ailleurs, je crois que le mieux à faire est de leur donner immédiatement la parole pour un premier tour de table. Alors, Mesdames et Messieurs, quelle sera votre première déclaration?

Le Chœur: I. Pas rigolo,
              II. le gigolo.
              III. La boutonnière,
              IV. aux boutonneux.

Bidon: On ne saurait mieux dire et pour ma part je ne puis qu'ajouter une faible remarque: aujourd'hui, les choses ne sont plus comme avant. En somme, la vie a changé, et comment! Aujourd'hui, il y a ceux qui travaillent, comme des brutes, et qu'on ne voit jamais parce que leur turbin accompli, ils passent le reste de leur temps à voyager pour affaires.

Le Chœur: I. Air-Bus, Concorde,
II. New-York, Paris
III. S.N.C.F.
IV. T.G.V. Lyon

Bidon: Et puis, il y a les autres, ceux qu'on voit tous les jours. Ceux qui s'ennuient. Ceux qui tournent en rond, toute la journée, sur les trottoirs endormis de leur cité-dortoir. Ulysse, à ce qu'on dit, fut le plus éprouvé des mortels, lui qui, vingt ans durant, erra loin de sa patrie (comme c'est beau ce que je cause!). Mais vraiment, notre petit jeune homme est encore bien plus à plaindre qu'Ulysse, lui qui erre sur place, sur la place, entre les murs de sa propre cité. Remarquez bien: ce n'est pas le mauvais genre, pas la frime, pas les fringues gueulardes. Au contraire, son maître, son mentor administratif, lui a farci le crâne des meilleurs principes. Seulement voilà: le magister a voulu trop bien faire et notre petit ami s'ingénie à lui échapper. Un seul but: aller jouer les limaces de trottoir et promener sa bave, comme de bien entendu, sur une jolie frimousse. Mais tintin! Les belles trotteuses sont plutôt chères en ce moment. Aussi chaque fois qu'il a réussi à bousculer sa timidité et à balancer sa virginité aux orties, chaque fois qu'il a sauté ses principes et fini par débiter en bégayant le joli boniment qu'il a appris par cœur, chaque fois, c'est la même réponse: «Mon pistounet, mon pistolet, quand on a envie de faire son cartounet, faut d'abord s'informer des tarifs. Pas question de réduction pour les étudiants, encore moins de ticket d'entrée à l'œil!»

Le Chœur: I. Tu payes, l'oseille.
II. Tu raques, l'arnaque.
III. Tu files, l'artiche.
IV. Aboule les boules.

Bidon: Seulement voilà: c'est pas avec ce que son père lui donne à la fin du mois qu'il pourrait s'offrir une petite partie de dames chez les voisines. Vous comprenez maintenant où ça peut bien le gratouiller et le chatouiller.

Le Chœur: I. Nouilles, pendouilles.

              II. Bidouille, farfouille.

              III. Tripote, salope.

              IV. Tritouille, l'andouille.

Bidon: Magnifique discours cartésien et bien de chez nous! Et tout cela pour causer que désormais vous comprenez l'état de démangeaison qui agite ce pauvre minet. Et vous compatirez davantage encore quand vous saurez que juste à côté de chez lui, là dans la maison du milieu, deux petites demoiselles viennent d'installer leurs pénates et leur commerce. A l'enseigne de Bacchus. Salon pour hommes et vieux messieurs. Massages et musculation. Révision générale, redressage du membre avachi, réglage des bougies et regonflage de toute la batterie, sans oublier le rééquilibrage des parties pneumatiques. Pas besoin de vous dire que les sœurs Bacchus sont des spécialistes, des cardiologues et des carburologues patentées. Elles possèdent tout le matériel *ad hoc*. La panoplie complète des ustensiles dernier cri. La boîte à outils et tous les appareils modernes et superbranchés. Ah! Dame! Tout ça n'est pas gratuit! Forcément, une belle maison avec balcon, et toute une installation pour la rééducation musculaire et viscérale, ça coûte bonbon. En plus, elles sont entièrement à leur compte, les Bacchides: pas de mac et pas de mec protecteur dans leur *bisness*. Alors, faut que ça tourne. Sympathiques, les filles, d'accord, mais attention: les affaires d'abord, et on paye au comptant, et on est bref, si possible, autrement on entre dans la tranche à suppléments, tarifs de nuit et primes de risque ajoutés. Des femmes de cœur, mais des femmes de tête, on vous le dit. Comme elles sont jumelles, il y en a toujours une ici et l'autre qui navigue, pour la clientèle extérieure et les devises. Un jour au salon, et le lendemain en Arabie. Il y a de la demande forte de ce côté du golfe où, il faut le reconnaître,

leurs Eminences des Emirats ont toujours eu une haute consi-
dération pour les produits de chez nous. Voilà ce qui vous
explique que l'une des deux sœurs est allée là-bas pour assurer
la maintenance.

Le Chœur: I. Et ta *sister*!

             II. Elle bat un beurre,

           III. la main dans la

           IV. calotte d'un moine!

Bidon: Tiens, justement, qu'est-ce que je vous disais: les voici qui
reviennent une fois de plus du port.

Le Chœur: I. Mouquère, pouffias.

            II. *Fatma, bakchich.*

           III. *Macach, bezef.*

           IV. Couscous, merguez.

Bidon: Quelle organisation! L'une est allée attendre l'autre à son
bateau. Rien n'est laissé au hasard: c'est une vraie secte. Et je
te prends, et je te garde, pour augmenter le chiffre d'affaires
et le *listing* des adeptes. Du coup, en y réfléchissant, j'ai
même tout net l'impression que le mignon qui se tient devant
leur porte fait partie intégrale de leur programmation. Dans
leur *planning* de prévisions, elles veulent ratisser large en
commençant par ne rien oublier dans le voisinage. Quelles
bombes, ces filles!

Le Chœur: I. Du nucléaire?

           II. Du culinaire?

          III. Du cul lunaire.

          IV. Du cul en l'air.

ACTE I Scène 1

PISTON, LES SŒURS BACCHUS ET LE CHŒUR.

(Les deux sœurs se sont avancées. Elles ont aperçu le manège de Piston, tout en poursuivant leur conversation).

Bacplus: Nous, dans notre métier, du Bac, qu'est-ce qu'on en a à faire? Moi, je suis Bacplus, et toi, Bacsans, et puis après? Nous sommes des filles de Bacchus, des Bacchides, oui ou non? D'ailleurs, ils n'en ont rien à glander, les petits bacheliers qui viennent frapper à notre porte, pas plus que les docteurs, du reste en plus baveux. Regarde-moi un peu celui-ci. Qu'il est beau, qu'il est appétissant! Je vais m'en faire un petit-déjeuner, un petit croissant de lune, au miel et au beurre. Ecoute: j'ai une idée. Tu es fatiguée du voyage. Bon, c'est moi qui vais m'occuper du petit. Je lui parlerai. Toi, tu joues les figurantes.

Bacsans: Bien reçu. A vos ordres!

Bacplus: Evidemment, si j'avais un trou, tu me balances la bouée de sauvetage, ma chérie!

Bacsans: J'ai un peu peur de manquer d'imagination...

Bacplus: Et moi, en plus, j'ai bien peur que notre petit rossignol ait du mal à roucouler la moindre ritournelle. Enfin, au boulot! Le turbin avant tout! Allons-y gaiement.

Piston: *(Guindé)* Comment se portent ces dames, les deux sœurs homonymes et les deux consœurs consanguines? — Pas mal, hein? — Et que votait-on sur le sein de vos têtes? Hon! ... — Quelle classe, non? —

Bacplus: Mais... Comment dire; nous préparions notre rapport moral de gestion.

Piston: Ma parole, ce n'est pas la spécialité de vos maisons, ni des femelles employées chez vous. Moi, ce que j'en dis, c'est pour vous. Je ne suis pas inscrit au parti des Féministes, mais tout de même...

Bacplus: Nobles sentiments! Du reste, mon petit, pourrais-tu répondre à cette question: existe-t-il une créature plus misérable qu'une femme?

Piston: ...On pourrait aussi se demander quelle créature le mériterait davantage?

Bacplus: ...La question n'est pas là. Passons. Ecoute la prière de cette femme qui me supplie en ces termes (*Elle montre Bacsans*): tombée en pleurs à mes genoux qu'elle embrasse et mouille, elle voudrait que je sache lui trouver un homme, un vrai, un mec, quoi! Quelqu'un qui serait son protecteur, en somme, son refuge et son rempart. Quelqu'un de bien qui la défendrait contre son militaire. Tu vois? Comme cela, elle aussi, elle pourrait rentrer dans ses foyers, elle aussi, quand elle aurait la quille, elle aussi, à la fin de son contrat, quoi! Si tu veux être un chou à la crème, accepte de la protéger, d'être son protecteur.

Piston: Et ce genre de protection, ça consiste en quoi exactement?

Bacplus: Trois fois rien: c'est au sujet de sa fin de contrat. Il faudrait simplement veiller à ce qu'elle puisse bien regagner ses foyers quand elle aura fini son temps avec lui et s'opposer à ce qu'il la garde de force à son service. Ah! Naturellement, si elle le pouvait, elle préférerait racheter tout de suite ses engagements envers lui. Ah! Si elle trouvait la somme nécessaire...

Piston: Et son type, actuellement, où réside-t-il donc?

Bacplus: Ben, c'est-à-dire... Il va débarquer ici incessamment sous peu. Mais... Tu pourrais aussi bien t'occuper de cette affaire en acceptant d'entrer à la maison. Tu te détendrais, en l'attendant, et tu te reposerais. Par la même occasion, tu prendrais bien un petit verre. Par la même occasion et du même coup, quand tu n'aurais plus le gosier sec, moi je te donnerais, en prime, un petit baiser...

Piston: Votre gentillesse, vous savez ce que c'est, hein? — De la glu en super concentré. Voilà!

Bacplus: Quelle mouche t'a piqué?

Piston: Effectivement: tout s'explique! Toutes les deux vous cher-
chez un pigeon! Misère de moi: avec toutes leurs triques, elles
me briseront ensuite les ailes. Mais non: pas question. J'ai
compris. Cette histoire ne me réserve rien de bon! Mesdames,
j'ai bien l'honneur...

Bacplus: Allons, mon poulet, pourquoi une telle agressivité?

Piston: Parce-que: parce-que! Parce-que, mesdemoiselles Bacchus,
j'ai très peur des Bacchantes et de toute votre Bacchanale.
Avec tout ce qu'on raconte sur cette secte des Bacchanales,
horreur, malheur, j'ai peur! Maman!

Bacplus: Peur de quoi? Qu'est-ce que ça veut dire? Peur de
perdre sa petite vertu en prenant un siège chez moi?

Piston: Je redoute moins tes sièges que tes pièges, car tu m'as
tout l'air d'être un rusé petit animal. Et puis d'abord, ma
mignonne, on m'a fait la leçon, et on m'a dit qu'à mon âge,
comme ça, que les maisons qui manquent de lumière sont des
endroits louches et peu enrichissants sur le plan métaphysique
et moral...

Bacplus: Allons donc! Mais tu te trompes! Tu te fais des idées!
Et même d'ailleurs tiens: s'il te prenait la fantaisie de faire
des bêtises chez moi, c'est moi qui t'en empêcherais. Là,
tu vois! Bref: on te demande seulement d'entrer pour que, à
l'arrivée du légionnaire, du fait de ta seule présence, personne
n'ose toucher à ma sœur ou à moi. Bacsans et moi, tu nous
protégeras, voilà tout. Mais par ce service, tu rendras aussi un
fier service à ton camarade Mnésy, le fils du vieux qui habite
à côté, l'amoureux de ma sœur. Bon résumons: tu entres; le
grognard arrive; il te prend pour mon ami à moi.
Un point final! C'est pas compliqué, hein, chichounet? ...
Pourquoi que tu ne dis plus rien?

Piston: Ben... C'est-à-dire... En fait, tout cela est bien joli en théo-
rie, mais... Dans la pratique, il y a des pépins et des épines!
Résultats: des cœurs transpercés et des bourses secouées,
assujettissement de l'affectivité et anéantissement des économies, et, par-dessus le marché, en cadeau-mammouth, une

sacrée réputation qui vous colle au train, fâcheusement, de la douche militaire commune à la toilette funèbre intime et ultime... Autant dire une existence foutue!

Bacsans: Ecoute, tu parles à ma sœur, ma sœur jumelle même... Je crois la connaître! Et vraiment, je ne vois pas ce que tu peux craindre.

Piston: Tu me le demandes? Et tu voudrais sans doute qu'un petit jeune comme moi, un honnête garçon, entre dans une salle de gymnastique telle que la vôtre? Un sauna où l'on sue ses sous? Un lancement du disque où l'on balance ses propres ronds? Un cheval de musculation, où la chevauchée tourne à la course au déshonneur? Merde alors!

Bacsans: C'est pas beau de dire des gros mots!

Piston: Et ta sœur! Mais ces demoiselles sont peut-être également tenancières d'une salle d'armes? Un lieu prestigieux, où au lieu du sabre court, c'est mon petit oiseau que je devrai brandir! Où l'on me coiffera, en guise de casque, de la cuvette du bidet! Où je recevrai en fait de décorations militaires les couronnes du banquet! Où pour lances, on me donnera des dés! Et pour cuirasse, l'édredon! Et où en fait de bouclier, je n'aurai que des bouclettes collées sur ma poitrine, sous les draps! Arrière! Arrière! *Vade retro*! Tu prends le métro et tu descends à la prochaine!

Bacsans: C'est lui, lui, le bon sauvage à la Rousseau!

Piston: C'est mon affaire et la faute à Voltaire.

Bacsans: Quand même, à mon avis, tu aurais besoin qu'on t'apprivoise un tantinet. Tiens, si tu voulais un petit coup de main... Comme ça... J'ai un bon service de dépannage... 24 heures sur 24!

Piston: Merci bien! Trop chers pour moi, vos tarifs, avec la T.V.A. et les suppléments... Merci bien!

Bacplus: Enfin quoi, ça suffit comme ça: on te demande un service, pour une fois. La belle affaire! On te demande de faire semblant d'être mon amant: c'est oui, ou c'est non?

Piston: Ben... C'est-à-dire... Faire semblant... Oui... Mais... Pour rire... Ou pour de vrai?...

Bacplus: Quand on connaît l'enjeu, il faut jouer le jeu, carrément:
ta dernière solution est la meilleure. Donc, quand le soudard
entrera, ce serait bien que tu me tiennes dans tes bras, bien
serrée contre toi.

Psiton: Et on peut savoir pour quelle raison?

Bacplus: Parce que je veux que l'autre te voie? Crois-moi: je sais
ce que je fais!

Piston: Et moi, je sais ce que je crains! Tout de même, malgré
tout, dis-moi encore...

Bacplus: Quoi?

Piston: ... Rien, comme ça: imaginons un instant, chez toi, où tout
soudain, sans réfléchir vraiment, par pure sympathie, quoi! on
se laisserait, comme ça, couler dans les canapés, juste pour un
drink, si ça se trouve, ou même un déjeuner, si ça se trouve,
ou encore pour dîner, si ça se trouve, comme ça finit toujours
par arriver dans vos sortes de parties; question: en ce cas, en
cette hypothèse quasiment d'école, alors, moi, près de qui me
placerais-tu?

Bacplus: Pas besoin de consulter le Guide de la Baronne de Staff!
Réponse assurée: à côté de moi, mon cœur! Le beau garçon
tout contre la jolie fille! Telle sera désormais ta place à la
maison, réservée, toujours libre, jour et nuit, même si tu
débarques à l'improviste. Joie, joie et pleurs de joie, telle est
la devise de la maison. Quand tu voudras t'éclater, ma rose, tu
passes un coup de fil et on trouvera toujours, pour toi, un petit
endroit et un créneau sur notre agenda des pages roses.

Piston: Ah! Comme elle roucoule, coule et coule! On dirait un
fleuve majestueux, impétueux mais dangereux et que nul ne
saurait pénétrer sans y laisser des plumes!

Bacplus: Justement, bon dieu, il serait grand temps que tu y perdes
un tout petit quelque chose! Allez! Courage! Donne-moi ta
main et entrons tous les deux!

Piston: Ah! Non! Jamais! Non et non!

Bacplus: Et pourquoi non?

Piston: Parce que c'est écrit dans mon Catéchisme! Pour un garçon,
post-pubère et bien constitué, les pires tentations à éviter sont:
la nuit, l'alcool, la femme...

Bacplus: Ah! Vraiment parfait! Dans ces conditions, effectivement, je ne vois pas ce que je pourrais ajouter aux conseils de
votre dame patronesse. C'est très bien, mon fils! Moi, ce que
j'en disais, c'était dans l'intérêt de vous et de votre camarade
et aussi de l'intérêt qu'il porte à ma petite sœur. Mais puisque
cela ne parle pas au cœur béni et sanctifié de Monsieur, on se
passera de son intercession charitable: c'est pas grave! Voilà
tout: le médaillé des armées emmènera de force ma petite
sœur, dans ses bagages militaires, sans billet de retour! Ah!
(*Elle pleure*).

Piston: (*En lui même*). Piston, oh! Piston, reprends-toi, Nom de
Dieu! Tu fouettes. Tu mouilles. Voilà bien la vérité. Allez, un
peu de cran! Domine-moi toutes ces angoisses de pucelle,
hein! Laisse tomber les vibrantes exhortations de ton professeur contre les filles. Et, d'ailleurs, lui, tu le sais bien, il n'est
pas net: il a toujours marqué une préférence pour les garçons!
Alors, vas-y, fonce!

Bacplus: Cesse de t'agiter. Tu n'as plus à avoir peur de nous.

Piston: Moi? Peur? Peur de quoi? Peur de rien! Je plaisantais. En
avant toutes: ma toute Belle, je m'abandonne à toi. Je suis ta
chose, ta créature, ton esclave.

Bacplus: Ah! Tout de même! Enfin! On se décide à jouer les
gentils garçons. Bon! Parfait! Dans ces conditions, voici
mes volontés: pour fêter le retour de ma sœurette, je veux
lui offrir un bon petit dîner, dans le style caviar, champ's,
l'homard et la bombe glacée. Tu vois le genre: menu de
gala. Naturellement, tu es notre invité. Mais si, mais si. Il
suffit d'acheter une bonne portion de plus. On ne va pas
lésiner. D'ailleurs, chez le traiteur, tu fais tout mettre sur
mon compte. Il me connaît. Je te demande seulement de
t'occuper de la commande et de bien veiller à la profusion
des provisions. Avec la nouvelle cuisine, maintenant, on
vous donne des portions pour mannequin haute-couture et
constipée!

Piston: (*Entonnant une sorte de litanie*).

Pas question

— C'est pour moi! —

> Le pognon
> — C'est pour moi! —
> Les provisions
> — C'est pour moi! —
> Les portions
> — C'est pour moi! —
> Les poissons
> — C'est pour moi! —
> Les bouchons
> — C'est pour moi! —
> L'addition
> — C'est pour moi! —

Mince alors, de quoi aurais-je l'air autrement? toi qui te donnes déjà tant de peine pour moi, pour me comprendre et m'aimer, tu devrais encore sortir ta carte bleue? Ah! Jamais! Plutôt jeûner! Plutôt crever de faim!

Bacplus: Et je te dis, moi, que je ne veux pas de tes économies.

Piston: Laisse! N'en parlons plus, s'il te plaît!

Bacplus: Vraiment — vraiment? Bon! Alors d'accord, puisque ça te fait tellement plaisir! mais fais vite, mon Loulou!

Piston: En tout cas, j'aurai plus vite fait que de cesser de t'aimer! (*Il sort*).

Bacsans: Eh bien, petite sœur, la réception d'accueil s'annonce plutôt gentiment!

Bacplus: Mais encore?

Bacsans: Ben, j'ai l'impression que le poisson mord pas mal, aujourd'hui!

Bacplus: Ce petit gardon en tout cas, je le tiens. Occupons-nous à présent de toi et de tes projets avec Mnésy. Si tu ne veux pas suivre ton comique troupier dans ses campagnes, il faut qu'on trouve aujourd'hui l'argent pour lui faire un remboursement anticipé et annuler ton contrat avec lui.

Bacsans: Oh oui, j'aimerais bien, mais... Hélas! Comment faire?

Bacplus: Ecoute, on va voir... En attendant, l'eau est chaude. Tu vas déjà prendre ton bain. Après toutes ces heures de traversée, tu dois avoir le cœur barbouillé.

Bacsans: Encore assez! Mais entrons! Surtout que j'entends venir par ici un *quidam* qui fait un sacré *ramdam*.

Bacplus: Bien dit. Comme ça je vais te préparer un transat, pour que tu puisses te reposer un peu après le bain.

Scène 2

BIDON, LE CHŒUR, LYCY ET PISTON

Bidon: Alors très rapidement et à chaud, mesdames et messieurs et chères personnalités invitées, avant que n'arrive cette procession bruyante que l'on devine au loin, quelques commentaires en direct.

Le Chœur: I. Poisson. Morue.

             II. Macrelle. Pas belle.

             III. Piston fichu.

             IV. Vertu foutue.

Bidon: Vous n'y allez pas par quatre chemins! Mais à propos de chemin, voici la procession qui s'avance vers nous. Piston, superbe, en habit de soirée, ouvre le défilé. Derrière lui, en grande tenue, marchent des serveurs, des laquais et des cuisiniers. Ils portent d'énormes plats et plateaux dont le vermeil resplendit au soleil. Un personnage cependant fait désordre dans une si noble parade. Il crie et s'agite beaucoup. Ça y est, je le reconnais, c'est Lycy, le maître de Piston, un enseignant du secondaire qui n'a jamais passé sa thèse sur la psychologie du sexe et des sectes! Mais, mon Dieu, qu'est-ce qu'il braille fort!

Lycy: Ah bravo! C'est du joli! Tu peux être fier! Figure-toi que ça fait un bon bout de temps que je te suis à la trace et en silence. J'ai tout vu. J'ai tout entendu. Je t'ai observé par le trou de la serrure quand tu enfilais ton costume du dimanche, après ta toilette des jours de fête. Et du parfum partout, partout! Et que dire ensuite de ta façon chez le traiteur, de jouer au gros richard, au gros client plein de fric, au fils à papa milliardaire. Sainte Vierge! Dans cette ville pourrie encore! Où même que si le Pape y venait, il y serait bien capable de succomber au vice, au sexe et aux sectes! Mais où vas-tu enfin, en remontant la rue, au milieu d'un tel cortège?

Piston: (*Montrant la maison des Bacchus*). Là!

Lycy: Là quoi? Là chez QUI?

Piston: Là chez Eros et Vénus, chez les Grâces et les Plaisirs, chez les Confidences sur l'Oreiller, chez les Calins-Calins, et les Gousis-Gousis...

Lycy: Tu pourrais au moins traiter avec des Dieux moins chers! Mais monsieur commerce de préférence avec les Dieux les plus exigeants sur le prix de la consultation, non déclarée et non remboursée!..

Piston: Ah! C'est beau l'enseignement! Non seulement on tape sur les collègues, mais voilà-t-y pas en plus qu'on se permet de débiner des personnes qui enseignent au sommet de l'Olympe! On crache sur les Dieux! Tu vois, Lycy, ça c'est vraiment très moche.

Lycy: Tu ne vas tout de même pas me faire croire qu'il existe une divinité des Calins-Calins, des Bisous-Bisous et des Gousis-Gousis!

Piston: Vraiment, tu parles sérieusement, et non à ton disciple? Enfin, Lycy, c'est pas possible: tu ignorais leur existence? Quel barbarisme chez un maître patenté! Et moi qui te prenais pour un mythologue de première classe! Hélas! Tu n'as même pas acheté la «*Mythologie*» de DUBOUT: En fait, tu as tout juste le niveau d'un petit arabe entrant à l'école maternelle.

Le Chœur: I. Ravadja. Dang.

            II. Abdula. Ding.

            III. Arrafat. Dong.

            IV. Sadam. Le dingue.

Bidon: Arrière, arrêtez, les racistes! Laissons les acteurs s'exprimer: ils sont payés par l'auteur, c'est tout dire!

Lycy: Ça va bien comme ça, hein! Doucement les basses! Encore une remarque: toute cette mise en scène ne me plaît pas.

Piston: T'en fait pas, papa, c'est pas pour toi qu'on l'a imaginée. C'est pour moi. Et, à moi, ça me plaît, alors...

(*Geste du bras*)

Lycy: Ah! Le beau raisonnement! La belle rhétorique! Et l'exorde, s'il vous plaît, contre son propre maître, encore!

Ah! Voyez-vous ça! On apprend trente-six langues, mais on ne sait plus tenir la sienne en silence par respect!

Piston: Lycy, ici, on n'est plus au lycée. Il y a un temps pour tout! Chaque jour comporte ses épreuves. Aujourd'hui, pour moi, la grande interrogation métaphysique, c'est de savoir quelles seront les propositions du cuistot. Et je m'angoisse sur le taux de cuisson et la qualité des sauces. La délicatesse de bouche vaut bien celle de la linguistique, pas?

Lycy: *Terminus ad quem! De profundis! Requiem aeternam!* Adieu, mon petit! Tu es mort et ton maître avec toi et aussi toutes ses belles leçons sur l'effort et le droit chemin! *Dies irae!* Tant d'efforts pour un si triste résultat!

Piston: Voilà! Voilà! On va pas en faire un cinéma! La fin du film montre bien que ta mauvaise méthode est aussi foireuse pour moi que pour toi. Les palmes z'ac., tu peux te les foutre ailleurs qu'à cette boutonnière...

Lycy: O cœur sans cœur et écœurant!

Piston: J'en ai classe de tes cours et de tes discours: tes leçons sont bonnes pour les imbéciles. Moi, j'ai compris; merci! Alors, maintenant, Lycy, tu la fermes et tu me suis.

Lycy: On croyait avoir tout vu, mais, alors là... Cette façon de m'appeler Lycy tout court, moi, professeur au dernier échelon de la quatrième classe!

Piston: Justement, mon professeur de quatrième classe, serait-il bien convenable qu'un professeur de quatrième classe assiste à la partie fine que son élève organise dans cette maison avec l'intention ferme de coucher avec sa petite amie et de lui manifester la tendresse de ses sentiments, devant tous les invités?

Lycy: Non! Merci pour lui...

(*A part*). C'est donc pour la chose qu'il a fait acheter toute cette boustifaille! Miséricorde!

Piston: Bon! Alors je continue à t'appeler: Lycy, avec ta permission! Pour le reste, tous mes espoirs sont dans la main des Dieux.

Lycy: Mais dis-moi quand même: toi, tu auras une fille avec toi?

Piston: Qui viendra, verra!

Lycy: Sur mon âme, tu n'en auras pas, pas de fille, je déteste ça...
Rentrons à la maison.

Piston: Lycy! Tu me lâches, ou gare à tes...

Lycy: Gare à quoi?

Piston: ... tes fesses, si tu veux savoir. En tout cas, sache que j'en
ai classe, moi, de ta discipline scolaire.

Lycy: Padirac, c'est où? C'est où, l'entrée du gouffre des Enfers?
Ah! Quel plaisir d'en finir! Terminé: j'en ai vu plus que
j'aurais voulu. Assez! Pitié! Ces petits collégiens ont plein de
sang dans les veines. De là à menacer un Maître? Ah! Holà!
Et lui, mon propre petit, il brandit la force de sa virilité, tout
droit, contre moi. Il abuse: une faible créature comme moi!..

Piston: Tu me fatigues avec tes jérémiades. Si tu continues, je
me transforme en Hercule et je te matraque à coups de mas-
sue!

Lycy: Et moi, je cours annoncer à Icare la mort de son fils: ah!
Comme ton pauvre père va tomber de haut, lui-aussi!

Piston: Tu laisses mon père en dehors de toutes tes vieilles
histoires mythologiques, hein!

Lycy: Ça y est: fini le respect des valeurs! On compense par
l'arrogance et l'impudence. Voilà un homme mort! Est-ce
que tu te souviens un peu que tu as un père quelque part?

Piston: Qui est au service de l'autre, l'enseignant ou l'étudiant?

Lycy: Ah! Les principes de la gauche, tiens, les voilà! C'est un
professeur véreux, celui qui t'a inculqué ces idées! Mais je
constate avec horreur que ce sont ces principes-là que tu as
retenus en priorité! Ah! Tu as bien su nous rouler, ton père et
moi, et nous dissimuler ta vie scandaleuse!

Piston: Bon! Ça y est? Tu as pu faire ta petite rhétorique? On
est content de sa dialectique? Parfait! Maintenant: rideau. Tu
laisses tomber et tu me suis;

Lycy: Où ça?

Piston: Ben là (*Il montre la porte des Bacchides*).

Lycy: Moi? Dans un lupanar?

Piston: On suit et on la ferme!

ACTE II Scène 1

Bidon: Vous voyez, chers téléspectateurs, comment la séduction commence, en douceur, avec ces douces sœurs! Tiens! Je ne suis pas
mécontent de ce bon mot... Mais qu'en pensent nos invités?

Le Chœur: I. Les profs, fantoches.
              II. Les filles, faciles.
              III. Catins. Putains.
              IV. Des bêtes. Des chiennes.

Bidon: Voilà un jugement qui n'engage que votre responsabilité,
pas la mienne, et pour cause, je suis irresponsable. D'ailleurs,
par exemple, je peux vous décrire les horreurs d'une guerre
qui n'existe pas, en direct et au Moyen-Orient, si vous voulez... Mais justement, voici un témoin qui revient d'Ephèse
et de cette partie du globe, avec les dernières nouvelles de
là-bas. Il s'avance. Je le reconnais: c'est Lartiche, le Chargé
d'affaires de Niki, le père de Mnésy...

Lartiche: Salut, Patrie de mon patron! Ça me fait plaisir d'être de
retour, après deux ans de crapahutage à Ephèse. Plaisir aussi de
saluer Apollon notre voisin et de lui adresser une prière: O mon
Dieu, entends ma prière qui monte vers toi! Ne permets pas que
mon patron, le vieux Niki, la grogne de la maison, me rencontre
avant que j'aie moi-même vu l'ami de Mnésy, son copain Piston.
En effet, pour ne rien te cacher, mon Apollon chéri, comme tu
l'as peut-être appris par la presse, Mnésy a envoyé une bafouille
de son style amoureux à Bacsans, qui est sa tendre et belle, si
toutefois elle s'est dégagée de ses obligations militaires...

Bidon: Une impression, à chaud?

Le Chœur: I. L'arrêt d'Ephèse!
              II. Les fesses, les cuisses!
              III. Toujours le sexe!
              IV. La tripe. La trique!

Scène 2

Lartiche: Qu'est-ce que c'est que ces minables? Autrefois, de mon temps, antique et romain, on engageait dans les Chœurs la crème des conservatoires de diction, de prosodie et de métrique. Maintenant, apparemment, les metteurs en scène font appel à des causeurs mondains qui prennent un air populaire, pour faire chic! Quelle rigolade!

Piston: (*Sortant de chez les Bacchides, sans voir Lartiche, et parlant encore à Bacplus*). A quoi bon tant de baisers d'adieu? Arrête, Mamour! Bisous! Bisous! Voilà! Ça y est? Rebisous, Mamour! C'est ça! Ratabisous! Pourquoi que tu te fais du souci pour que je revienne? Même si je voulais, je serais incapable de te quitter: l'Amour m'a passé les menottes au mains et les chaînes aux pieds! Et la corde au…!

Lartiche: Dieux olympiques! Ma parole! Mais c'est Piston que je vois! Salut Piston!

Piston: Salut! Gars!

Lartiche: Pas besoin de discours entre nous! Je résume: 1) Tu te réjouis de mon retour; 2) Je suis d'accord; 3) Tu payes un pot et la suite au voyageur qui revient de loin; 4) Accepté: réponse immédiatement téléphonée; on viendra; 5) J'apporte un message important de ton copain; à savoir: il est en vie.

Piston: Ah! Tant mieux! Il va bien?

Lartiche: Ben, c'est plutôt à toi de le dire.

Piston: A moi? Mais qu'est-ce que j'en sais?

Lartiche: Tu sais tout: si celle qu'il aime, sa Bacchus, sa Bacsans, est en forme et ici: il a la santé et la pêche Melba. Dans le cas contraire: il est au lit et au bord du coma. Pour un amoureux, elle, c'est la vie! Sa vie! Si elle est au loin, il peut en mourir. Si elle est près de lui, c'est pas grave: c'est son fric qui va en crever. Mais, lui, superbe, misérable et malheureux assume tout et le reste. Bon! C'est pas tout: est-ce que tu t'es occupé de sa commission?

Piston: Auprès de Bacsans, tu parles et comment! Colissimo! Du moment que j'avais reçu ton message, j'aurais mieux aimé que le diable m'emporte dans une de ses sectes, plutôt que de ne pas donner satisfaction à mon copain, Mnésy.

Lartiche: Alors, tu as retrouvé sa Bacchus?

Piston: Bacsans, naturellement, la sévrienne, ou plutôt celle qui avait raté son bac, au lycée de Sèvres...

Lartiche: Tu fais bien attention pour qu'on ne la manie pas sans précautions et qu'on ne la bouscule pas bestialement: tu sais combien fragile est la poterie de Sèvres!

Piston: Ah! Tu ne changeras jamais! Toi, alors!

Lartiche: Dis-moi: où se trouve-t-elle, s'il te plaît?

Piston: Mais ici, dans cette demeure dont tu viens de me voir sortir.

Lartiche: Magnifique! On ne peut rêver voisinage plus immédiat! Mais la jolie Bacsans a-t-elle encore au cœur le souvenir de Mnésy?

Piston: Et même qu'elle n'aime que lui! Et elle n'a rien de plus cher au monde, que lui! Que lui! Que lui!

Lartiche: Que lui! Parfait!

Piston: Et même qu'elle se languit d'amour que pour lui, que pour lui! Et de regret, pour lui! que lui!

Lartiche: Que lui! Que lui! *Funiculi*! Excellent tout ce cui-cui!

Piston: Attends! Attends! Et même qu'il ne se passe pas un seul instant sans qu'elle l'appelle: Mnésy, mon Mnésy! Et mon Mné-Mné, par-ci, et mon Sy-Sy, par là!

Lartiche: Parfait! Magnifique! *Marvelous*!

Piston: Et même qu'elle...

Lartiche: Et même que cette fois-ci, ça suffit comme ça!

Piston: Serais-tu jaloux des succès de ton maître?

Lartiche: Non, ce n'est pas le *scénario* qui m'embête, mais l'acteur, en l'occurrence: toi. Mais, pour en revenir à cette Bacchus, cette Bacsans, toi qui la connais, dis-moi plutôt si elle est jolie fille?

Piston: Question stupide! Crois-moi: si je n'avais pas trouvé ma
     Vénus, j'en aurais fait ma Junon.

Lartiche: A ce que je vois, mon petit Mnésy, tu as trouvé un cœur
     à prendre, reste à trouver le financement de l'opération! Car il
     vous fait de l'artiche, *I suppose*?

Piston: *Yes*, et même du dollar, *please*.

Lartiche: Et naturellement, il vous le faut au comptant?

Piston: Et je dirai même plus: en liquide et sur-le-champ! Parce
     que son militaire va rappliquer d'un instant à l'autre.

Lartiche: Quel militaire?

Piston: Et je dirai même plus: le militaire avec qui elle avait signé
     un contrat. Bref, il s'agit d'en libérer Bacsans!

Lartiche: Il peut venir quand il veut, ce type, à condition de ne
     pas me faire attendre, *naturlich*! On a des moyens, dans notre
     famille! Je n'ai aucune crainte à ce sujet. Tant que ma cervelle
     fonctionnera correctement, on se débrouillera toujours bien!
     Bon! Toi tu rentres là, chez les Bacchus, et moi je reste ici
     pour m'occuper de la situation; tu dis simplement à Bacsans
     que son Mnésy est là.

Piston: A vos ordres. (*Il sort*).

Lartiche: Moi, je m'occupe de la partie financière; d'ailleurs, qui
     mieux que nous, Lartiche-Premier, pourrait régler le problème?
     Nous avons rapporté d'Ephèse deux cent mille dollars, le
     montant d'une modeste dette que notre correspondant là-bas
     devait à notre vieux patron, Niki. Je m'en vais te machiner un
     beau machin, une méchante machinerie, un tour comac, pour
     procurer au petit l'argent nécessaire à ses appétits amoureux
     avec sa Bacsans. D'ailleurs, soit dit entre nous, elle aurait eu
     le bac, que ça ne nous aurait pas coûté un centime de moins.
     Mais j'entends la porte de chez nous qui grince. Voyons qui
     va sortir?

Scène 3

NIKI, LARTICHE, BIDON ET LE CHŒUR.

Niki: (*Sans voir Lartiche*). Va falloir que j'aille au port, histoire de voir si un bateau en provenance d'Ephèse n'est pas à quai. Je commence à me faire sérieusement du souci, au sujet de mon petit Mnésy qui n'est toujours pas revenu de là-bas.

Lartiche: (*A part*) En voici un que je vais te tondre, en moins de deux, si les dieux sont d'accord! C'est pas le moment de dormir, Lartiche, tu tiens ton artichaut! Vas-y, fonce dessus, c'est ton bélier à la toison d'or. Et han! Vas-y la tondeuse! Et han! Vas-y le rasoir! Et han! Vas-y jusqu'à la couenne!
(*Haut*) L'employé de maison modèle, Lartiche, salue son patron, Niki!

Niki: Par tous les Dieux du ciel, Lartiche, où est mon fils?

Lartiche: (*Vexé*) Ah! Bon: on donne le bonjour, et comme ça personne ne répond?

Niki: Ah! Zut de zut! Bonjour! Excuses! Mais, je m'inquiète pour Mnésy.

Lartiche: (*Sec*) En vie et en forme.

Niki: Il est rentré?

Lartiche: O.K.

Niki: La *baraka*! Tu me rends le moral! Et, là-bas, il avait la santé?

Lartiche: Un boxeur! Un *rugbyman*!

Niki: Et oui, au fait, l'affaire à régler à Ephèse: a-t-il pu encaisser ce que nous devait notre correspondant Archifaux?

Lartiche: Hélas! Mon cœur se fend, et le reste aussi, Niki, quand j'entends prononcer le nom de ce triste individu!

Niki: Triste individu! Mon correspondant commercial! Parle!

Lartiche: Fils de chien!

Niki: Fils de chien! Archifaux! Le fils d'Archifaussaire?

Lartiche: Affirmatif... Le fiston aussi de dame Archifausseté.

Niki: Non! Qu'est-ce qu'il a fait?

Lartiche: Demande moi plutôt: qu'est-ce qu'il n'a pas fait?
D'entrée de jeu, il débute en disant qu'il ne devait pas un
kopeck, ni à toi, ni à ton fils. Négatif. *Nada de nada*! Sur le
coup, Mnésy, qui perd pas son sang froid, digne fils de son
père, fait appel au témoignage de notre ancien correspondant
Pêlecon. Il est aujourd'hui à la retraite, mais tout de même!
Mnésy, en sa présence, exhibe le document de la reconnais-
sance de dette.

Niki: Et alors!

Lartiche: Il commence par dire que c'est un faux. Et là-dessus,
il balance à ton fils un tas d'injures: faussaire, parjure, trafi-
quant! Etc.

Niki: Bon! Mais enfin! Le fric, il est où? On peut peut-être avoir
une idée?

Lartiche: Patience! On va au tribunal. Désignation d'un expert.
Rapport: favorable. Huissiers: les Archimachins doivent raquer.
Deux cent mille dollars, et pas un cent de moins, plus les
frais.

Niki: Le compte est bon: c'est ce qu'ils devaient!

Lartiche: Attends! C'est pas fini! Ecoute le sale coup qu'il a
voulu nous faire.

Niki: Pas fini? Quel coup?

Lartiche: Ben: le coup de l'épervier!

Niki: J'ai été couillonné de première, en confiant mon argent à un
super Oncle Picsou!

Lartiche: Mais écoute la suite!

Niki: Vraiment je ne connaissais pas ce correspondant sous ce
masque de cupidité!

Lartiche: ... Passons! Dès que nous eûmes pris possession de
l'attaché-case, contenant la somme en question et en dollars,
nous nous dirigeâmes vers le port et le bateau, impatients que
nous fûmes de rentrer chez nous et fumasses en plus! Par
hasard, le hasard voulut que je m'assistasse dans un transat
sur le pont, après que nous eûmes embarquassé. Et là, que vis-

je, tandis que je promenassais mes regards dans les environs? Les Dieux voulurent que j'aperçusse, juste à côté, une caravelle, un engin de course, un super-requin, en train d'appareiller...

Niki: Ayayouille! Ce requin me tue et me transperce le bide!

Lartiche: Il appartenait à des pirates et à ton correspondant!

Niki: Mais que diable allait-il faire en cette galère? Et quant à moi, il n'y a pas plus con que moi, pour avoir eu confiance en ce mec, alors que son nom même de fils d'Archifaussaire me criait que je serais vraiment le roi des cons de lui faire confiance!

Lartiche: Manifestement, cette caravelle en voulait à notre bateau. Aussi me mis-je à observer leur manège. Enfin; notre navire, sur l'ordre du Capitaine, obtint de la tour de contrôle l'autorisation selon laquelle nous pûmes lever l'ancre et quittasser le port. Aussitôt que nous en fûmes sortis, voilà qu'ils nous suivassent, et à toutes pompes! Ils couraient à la vitesse du vent et de l'hirondelle. Avisant sur-le-champ la gravité de la de la situation, je fais stopper les machines, immédiatement. Quand ils nous virent à l'arrêt, ils se mirent à nous tourner autour en tirant des bords.

Niki: Quels salauds, mince alors! Finalement, qu'est-ce que vous faites?

Lartiche: Ben! Demi-tour et on rentre au port.

Niki: Bien joué, et eux, qu'est-ce qu'ils font?

Lartiche: Ben! Ils sont tout déconfits de nous voir revenir à terre, avec l'oseille. Si tu avais vu leurs gueules: longues comme ça! Quant à nous, nous fonçons déposer le blé chez Dollartich', l'archiprêtre de la basilique de Diane d'Ephèse, qui a un bon coffre-fort dans la sacristie.

Niki: Qui c'est, ce Dollartich'?

Lartiche: Mais, naturellement: le fils de Avidadollars, un peintre ultra-fameux, là-bas, dans toute la ville d'Ephèse, cubiste et tout! Même qu'il ne boit du vin qu'en cubiténaire!

Niki: Pourvu qu'il n'aille pas me siffler toutes mes liquidités à moi!

Lartiche: Pas de danger! Le flouse est dans le coffre de la sacristie, sous surveillance électronique et épiscopale!

Niki: *De profundis morpionibus*! Avec toutes ces puces électroniques et ces punaises de sacristie, mon pèse serait plus en sécurité dans ma tirelire, que dans les troncs de l'archiprêtre d'Ephèse. Mais, j'y songe, de toute cette somme, vous n'avez pas rapporté ici un petit chouilla, un pourliche quoi?

Lartiche: Si! Si! Mnésy a ramené un trois fois rien, que je ne connais pas.

Niki: Comment, que tu ne connais pas?

Lartiche: Ben, c'est-à-dire, voilà: Mnésy s'est rendu la nuit, en secret, chez Dollartich'. *Incognito*, quoi! Il a fait un petit prélèvement. Pas grand chose, certainement. En tout cas, il n'a rien dit à personne sur le bateau. Ça ne doit pas être bien gros!

Niki: La moitié, tu crois?

Lartiche: Alors-là, vraiment, ça m'épaterait!

Niki: Alors, le tiers, peut-être?

Lartiche: Alors-là, tu vois, sincèrement, non, je ne sais pas. Et malgré tout, à vrai dire, c'est-à-dire... Je ne saurais rien te dire. En réalité, tout ce que je sais de ce placement et de cette opération bancaire, c'est que je sais que je sais que je n'en sais rien du tout... Maintenant, si tu veux mon sentiment, à mon avis, le mieux serait que tu prennes toi même le bateau, si tu veux aller retirer ton placement de chez Dollartich' *and Co.* et le faire virer ici. Ah! Simplement encore, une recommandation!

Niki: Vas-y, c'est quoi?

Lartiche: Tu n'oublies pas surtout de prendre la chevalière de ton fils.

Niki: Qu'est-ce que j'en ai à foutre de cette chevalière!

Lartiche: Rien, mon bon, mais c'est le signe convenu avec Dollartich'. Il remettra la somme au porteur.

Niki: Bon! Tu fais bien de me le rappeler: je n'oublierai pas. Mais ce Dollartich' de mes deux, il a du pognon, oui ou non?

Lartiche: Quelle question! Il a des semelles en dollars! Il allume son cigare avec des dollars! Il se torche même avec des dollars!

Niki: Pourquoi un tel mépris des richesses de ce monde?

Lartiche: C'est qu'il croule sous le blé et qu'il ne sait plus où l'engranger.

Niki: Pas de problème: j'ai une petite grange à la campagne! Mais dis-moi, quand le dépôt a eu lieu, dans le coffre de Dollartich', Mnésy avait bien un témoin, au moins?

Lartiche: Un témoin, non: c'est le peuple entier qui a assisté au versement.

Niki: Le petit a eu au moins le bon réflexe de faire confiance à un gros richard. Le remboursement ne posera pas de problème de rapidité, donc de disponibilité. Autant dire qu'on joue *cash*!

Lartiche: Oh! Pour ça, pas de moratoire! Rubis sur l'ongle! Tu touches le tiercé le jour même! Bref: c'est le tac-au-tac!

Niki: (*En lui même*) La barbe! Moi qui pensais en avoir fini avec la vie de bateau! Et de n'avoir plus ja-ja-jamais à naviguer! Ohé! Ohé! A mon âge! Carte vermeille! Mais voilà! Que je le veuille ou pas, on ne me demande pas mon avis! Ah! Saleté de correspondant, ce fils d'Archifaussaire! Il m'en a fait de belles! (*A Lartiche*) Mais où donc peut bien être mon fils à cette heure?

Lartiche: Il est allé au *forum*, saluer quelques Dieux et faire quelques libations de retrouvailles avec quelques copains.

Niki: Bon, je vais le rejoindre, le cher petit! (*Il sort*).

Lartiche: En voilà un qui a sa dose et plus même qu'il n'en peut trimballer! Le *scénario* n'est pas si mal fichu et, grâce à bibi, notre petit maître a de la ressource. Grâce à bibi, il peut prendre dans le tas ce qu'il veut et rendre à papa ce qu'il veut! Pas mal, hein! Le vieux va s'en aller à Ephèse, pour retire son artiche... Tu parles, l'artiche, il est déjà là! Et nous, ici pendant ce temps là, on va faire la java, on va se la couler douce et pépère. A moins que cette andouille n'ait l'idée de nous emmener de force dans ces bagages? En attendant, ça va dégager, ici, les pépées, poil au nez! Certes, quand le vieux va découvrir le pot aux roses, il va y avoir des épines! Quand il saura qu'on l'a fait bourlinguer pour des prunes, et que nous aurons bouffé la recette, je ne donnerai pas cher de ma chair.

Il me crucifiera! Horreur: Lartiche passant à l'article! Une bonne vie, après tout, vaut bien une bonne mort! De toute façon, j'essaierai de fuir... et si on me rattrape?... Ben, tant pis! Le vieux a des fouets de cuir dur, mais moi j'ai aussi le dos en cuir dur. On verra bien qui l'emportera dans cette guerre d'endurance et de cuirasse. Pour l'instant, il nous faut informer Mnésy de nos tout derniers plans de financement possibles, et aussi du fait que sa Bacsans est bien retrouvée et bien ici.

Bidon: Alors-là, Mesdames et Messieurs, on sombre dans le problème crucial de l'encadrement et des employés de maison à qui l'on peut ou l'on peut peu, faire confiance? Sans parler du viol domestique, du harcèlement sexuel et de toutes les complications sur le plan du remboursement sécurité sociale. Qu'en pensez-vous?

Le Chœur: I. *Veritas est*,
            II. Et *in vino*,
           III. Et *in vivo*,
            IV. Et *in vitro*!

Bidon: J'ajouterai même, avec un talent certain, et en tout cas, une certaine connaissance de cause:

Et *in litro*!

Car au fond, le secret du journalisme, c'est d'avoir de la bouteille!

(*Le Chœur applaudit chaleureusement*).

Mais c'est aussi, le direct, et le *cocktail* Molotov! Aussi j'ajouterai:

Et *in nitro*!

(*Le Chœur tombe de joie*).

ACTE III Scène 1

Lycy: (*S'efforçant de sortir de chez les Bacchus*). Au secours, à l'aide! Faites-moi ouvrir, faites-moi sauter cette porte! Que je sorte de cet Enfer! Enfer, oh oui, l'Enfer, c'est bien le mot juste! Car pour entrer là-dedans, il faut être infernal! Ah! Ce ne sont pas les Bacchus, mais les Bacchantes déchaînées: La terreur et l'horreur! Arrière! Sœurs maudites et sœurs maléfiques qui sucez le sang des hommes... Et le reste!

Bidon: Si vous souhaitez prendre la parole et intervenir instantanément... Vous avez l'antenne!

Le Chœur: I. Les sœurs qui sucent!
              II. Du sang, du sexe!
            III. La chair! La viande!
           IV. Barbaque. Charognes!

Lycy: Et cette demeure! Je ne vous dis que ça! Le luxe et la luxure! La décoration: inimaginable! Des tapis rouges et des rideaux rouges! Des miroirs partout et des glaces aux plafonds. Et les serveuses en tenue plus que légère: juste un petit tablier noué par-derrière avec les pans du nœud retombant sur les fesses! Une débauche de victuailles et de boissons. Des buffets somptueux! Des salons pour deux, pour trois, pour quatre... Et quel agencement intérieur raffiné: les *sofas*, les divans, les canapés profonds! Et tous ces corps vautrés les uns sur les autres, dans des postures et des positions qui sont des inventions du Diable en personne... Et, au milieu de tout ce charnier, Bacplus et mon Piston! A cette vision, j'ai failli me trouver mal et tomber sur la petite qui voulait que je lui défasse son nœud de tablier! Par-derrière! Mais j'ai respiré à fond et pris mes jambes à mon cou, pour fuir loin de ces lieux atroces! Ah! J'ai envie de vomir en y pensant, et de pleurer, et de pleurer, toutes les larmes de mon corps, toutes les larmes de mon cœur!

Bidon: Est-ce qu'on peut faire quelque chose pour vous?..

(*Il fait signe que non*).

Alors écoutez au moins ce que nos invités ont à vous dire!

Le Chœur: I. Larmes de sang.

          II. La mort. Le deuil.

          III. Enfants tués.

          IV. Prématurés.

Lycy: Merci! Amis! Au moins vous, vous me comprenez, parce que vous savez ce qui se passe dans ce genre d'endroit trop séduisant pour les jeunes gens. Moi, j'ai pu m'en sortir, de justesse, mais maintenant que faire? Faut-il que je garde le silence absolu sur tous ces faits? Faut-il que je cache à ton père tout cela, Piston? Faut-il que je taise tout ce que ton genre de vie a de scandaleux, de ruineux et vautré dans la débauche? Tout cela finira mal et tu vas nous entraîner tous dans ta chute, ton père, moi, toi-même et tous tes amis, dans un abîme sans fond de honte, de ruine et d'horreur, où nous serons tous engloutis. Tu aurais au moins pu avoir pitié de moi, même si tu ne rougissais pas pour toi de toutes ces atrocités et de toutes les infamies que tu commets là-dedans et qui rejaillissent sur nous et éclaboussent ton père, ton maître et tous tes amis? Mais, à la réflexion, avant que l'irréparable ne se produise je vais avertir ton père, avant que tu t'enfonces complètement! En tous cas, moi, je veux dégager ma responsabilité. Après tout, c'est au père de s'occuper de son fils. Je cours lui ouvrir les yeux, à ton vieux, pour qu'il se dépêche de te tirer de cette boue, de ces sables mouvants où tu es en train de t'enliser et de t'ensevelir vivant!

(*Il entre chez Philo*).

Le Chœur: I. Satan. Satan.

          II. *Vade retro.*

          III. *De Diabolo!*

          IV. *De Méphisto!*

Bidon: Mesdames et messieurs, chers médiatisés et spectateurs payants, veuillez excuser le langage de nos personnalités invitées. Elles sont éminentes et connaissent bien le problème des sectes! Seulement, voilà, pour en être sorties elles-mêmes, légèrement diminuées, elles en ont conservé une certaine difficulté d'élocution et d'expression. Ils et elles continuent de fredonner des sortes de cantilènes comme celles qu'ils et elles ont apprises durant leur initiation chez leur *Gourou*!

Le Chœur: I. O.K. O.K.

                II. D'ac. D'ac. D'ac. D'ac.

                III. Gourou, filou.

                IV. Coquin, caca!

Bidon: Qu'est-ce que je vous disais? Bon, mais voici Mnésy qui revient du *forum*. Il a l'air tout content, lui!

Scène 2

MNÉSY, BIDON ET LE CHŒUR.

Mnésy: Après avoir bien retourné le problème en moi-même et bien médité sur la question, j'en suis arrivé à cette conclusion: avoir un véritable ami est un cadeau des Dieux! J'en parle non seulement *de visu* et *de auditu*, mais vraiment *de sensu* et *de intellectu*. C'est assez vous dire déjà que je sais de quoi je cause! Moi, je ne suis pas du genre *doctus cum libro*, mais un heureux copain *doctus cum amico*. Tout cela vous paraît cuistre, sans doute? Bon, alors, allons aux faits: cela fait déjà deux ans que je suis parti pour Ephèse. De cette cité balnéaire peu fréquentée, j'ai écrit à mon camarade Piston, pour lui demander de me retrouver ici une petite dont j'avais fait la connaissance intime et de très près! Et mon détective privé m'a retrouvé ma Bacsans. Lartiche vient de me confirmer la nouvelle. Et d'ailleurs lui aussi, quel autre ami secourable! Ah! Comme il a su jouer sur l'or (C'est bien le cas de le dire!) avec les dollars de Papa! Enfin, tout de même, il demeure prudent de conserver vis-à-vis des amis, une certaine réserve salutaire. Comme disait le philosophe clermontois: on naît seul et on mourra seul! En toute chose et même en matière d'amitié, il faut garder la tête froide. Pour Lartiche, après tout, c'est son métier. Pour Piston, la suite nous dira ce qu'il faut penser de sa sincérité. Mais tiens! Comme par hasard, voici venir son père et son révérend *magister*!

Bidon: Ecoutons d'ici un peu leur conversation. J'espère qu'ils vont aborder les thèmes fondamentaux: voilà où nous mène cette vie infernale! On voyage et on navigue, mais, pendant ce temps, les valeurs coulent à pic et les traditions font naufrage! Et quant à la jeunesse, rien à en espérer: elle est en train de sombrer avec le reste. Le Titanic! Le niveau baisse.

Pas seulement le niveau mental: c'est le niveau moral qui a chopé le gros trou dans la coque! Evidemment, on en parle et ça chauffe dans les réunions de parents d'élèves et d'enseignants! D'ailleurs, entre Lycy et Philo, le ton a l'air de monter à la mayonnaise!

Scène 3

Lycy, Philo, Mnésy, Bidon et sa suite.

Lycy: Et maintenant je vais savoir si le cœur qui bat dans ta poitrine est capable de montrer un peu de causticité. Suis-moi!

Philo: Te suivre où? Où me conduis-tu à présent?

Lycy: Chez celle qui en un unique instant a perdu, a précipité ton fils unique.

Philo: Du calme, Lycy! Le plus grand sage n'est-il pas celui qui sait maîtriser sa rage? Après tout, faut-il s'étonner de ce qu'il ait pu en faire de belles, à son âge? Ne conviendrait-il pas davantage de s'inquiéter de ne le voir jamais faire de bêtises? Personnellement, j'en ai fait autant quand j'étais jeune...

Lycy: Misère de misère! La voilà ta fameuse compréhension qui l'a perdu! Si tu n'avais pas été là, moi je l'aurais fait marcher droit; il aurait bien fini par apprendre les bonnes manières: mais voilà, grâce à toi, grâce à ton libéralisme, on a fabriqué ce dépravé, ce Piston débauché...

Mnésy: (A part) Dieux immortels! Le nom de mon ami! L'affaire doit être sérieuse, pour que Lycy ose traiter de la sorte Piston, son petit élève chéri, son chouchou!

Philo: Elle n'est que trop brève, Lycy, dans la vie de l'homme, la passion qui l'incline à suivre les élans de son cœur! Bien vite arrivera l'âge où il se gaussera lui-même de toutes ces expériences. N'allons pas briser un si beau tempérament! Du moment qu'on veille à ce qu'il ne fasse pas de trop grosses blagues, laissons faire...

Lycy: Je ne laisse rien du tout! Moi vivant, je ne le laisserai certainement pas se débaucher. Et quant à toi, toi qui plaides la cause de ce fils tant corrompu, dis-nous un peu si on t'a appliqué les mêmes méthodes quand tu étais jeune? J'affirme au contraire ceci: jusqu'à l'âge de vingt ans, tu n'es pas sorti une seule fois sans ton précepteur, tu ne le quittais pas d'un pouce; si tu arrivais au gymnase après le lever du soleil, on te transmettait les félicitations les plus cinglantes du directeur; avec la trique comme carte de visite; et les ennuis ne faisaient que commencer: à cette sanction s'ajoutait un blâme général qui punissait autant le maître que le disciple. Course, lutte, javelot, disque, boxe, ballon, saut, tels étaient les exercices au menu... Pas d'entraînement à courir la gueuse... Pas de travaux pratiques de bécotage! Voilà où on passait son temps... Pas dans les endroits louches! Et après cela, quand de l'hippodrome et du gymnase on était rentré à la maison, on enfilait sa petite tenue bien étriquée et, sans faire un pli, on filait prendre place sur son tabouret auprès de son maître bien-aimé. Et alors-là, pendant qu'on faisait sa lecture, si on déraillait d'une syllabe, pan! Votre peau se couvrait de marques: cela ressemblait tout à fait au tablier d'une nourrice quand le petit a été bien dégoûtant et passablement dégueulasse.

Mnésy: Toutes ces méchancetés sur le dos de mon camarade... Hélas... C'est ma faute! Dieux! Quelle souffrance! L'innocent endure tous ces soupçons par ma seule faute...

Philo: Ajourd'hui, Lycy, les choses ont un peu évolué, quand même...

Lycy: Ah! Pour ça, oui! Je ne le sais que trop! Parce qu'autrefois, on était déjà candidat aux élections municipales, qu'on se blottissait encore sous l'aile de son maître! Tandis qu'aujourd'hui... la chose n'a même pas sept ans que, si vous l'effleurez seulement avec la main... le petit, d'un coup de son ardoise vous fend le crâne! Et si vous allez vous plaindre au papa, le brave homme se tourne vers le mignon et déclare comme ça: «Oui! Très bien! Je reconnais bien là mon sang! Oui! Parfait! Tu pourras t'en réclamer! Oui! Brave petit! Et aussi longtemps que tu sauras tenir tête aux injures!» Et c'est l'enseignant qui ramasse un rapport: «Attention, vieux déchet! Ne pas toucher à ce petit chéri sans motif valable, surtout quand il fait montre de caractère!» Et il n'a plus qu'à décamper, le bon maître, bafoué, la tête emmaillotée dans le chiffon du tableau, radieux comme une torche! La cause est entendue! Le tribunal se retire! Et après ce bel arrêt, inutile de préciser l'autorité dont jouira désormais ce vaillant pédagogue, aussi magnifiquement auréolé du prestige de cette première raclée...

Mnésy: Le plaignant semble manifestement amer! Si j'interprète correctement sa pensée, j'ai tout lieu de craindre que Piston n'y soit allé à coups de poings!

Lycy: Mais, qui est-ce que j'aperçois là, devant sa porte? O joie! Mnésy! Vision miraculeuse! Et plus agréable encore que celle des Dieux propices! Saint Sulpice et Sainte Complice!

Philo: Qui est-ce donc?

Lycy: C'est Mnésy, le camarade de ton fils! Mais lui, ce n'est pas le même genre! Pas le garçon à aller se vautrer dans des lupanars! O fortuné Niki! O bienheureux père d'un rejeton tel que celui-ci!

Philo: Bonjour, Mnésy! Heureux, vraiment de ce bon jour qui marque ton retour!

Mnésy: Les dieux te protègent, Philo!

Lycy: Oui, voilà le rejeton, voilà le fruit d'une éducation comme il faut! Ça prend le bateau, ça! Ça s'occupe des affaires de famille, ça! Ça a du respect, ça! Ça est aux petits soins pour les idées et les volontés de son papa, ça! Des amis d'enfance, depuis toujours, Piston et lui: entre eux, il n'y a pas trois jours de différence pour ce qui est de l'âge réel... Mais pour l'âge mental... Ça a plus de trente ans d'avance, ça!

Philo: Attention! Ça... pourrait mal finir pour toi! Ça suffit comme ça, tes récriminations contre ci!

Lycy: Silence! Tu es un sot qui tu ne peux souffrir qu'on blâme l'inconduite d'un ci-devant que j'aimerais mieux laisser taper dans mes misères plutôt que dans mes économies!

Philo: Pourquoi dis-tu une chose pareille?

Lycy: Pourquoi? Parce que, s'il pouvait taper dedans, des misères, j'en aurais chaque jour qui passerait, pas mal en moins...

Mnésy: Sur quoi se fondent tes reproches, Lycy, à l'égard de mon camarade? N'est-il pas aussi ton disciple, après tout?

Lycy: Tu n'as plus de camarade.

Mnésy: Grands Dieux!

Lycy: C'est comme je te le dis! Je l'ai vu se perdre, vu de mes propres yeux! Mes accusations ne reposent pas sur des racontars.

Mnésy: Qu'est-il arrivé?

Lycy: Il est tombé... Amoureux... C'est affreux, d'une catin...

Mnésy: Inutile d'insister

Lycy: ... Un gouffre... Un abîme: dès que tu t'y frottes... Hop... Englouti!

Mnésy: Et... Où cette fille se trouve-t-elle?

Lycy: Ici.

Mnésy: Et... Sais-tu d'où elle vient?

Lycy: De Samos et du Moyen-Orient!

Mnésy: Et... Son nom?

Lycy: Bacchus!

Mnésy: Tu fais erreur, Lycy! Je connais la fille et toute l'affaire en détail! Tu accuses à tort Piston. Il est innocent, il ne fait qu'exécuter une mission de confiance, pour un ami, son meilleur ami, son camarade préféré! L'amoureux, ce n'est pas lui! Ôte-toi de l'esprit une idée pareille!

Lycy: Ben voyons! Explique alors pour quelle raison, en exécutant une mission de «confiance» au nom d'un «ami», il a besoin d'un canapé? Explique un peu pourquoi il tient serrée sur sa poitrine une donzelle qui le couvre de bisous baveux? Il n'y a sans doute pas moyen de remplir sa «mission» sans mettre tout le temps la main sur ses tétons! Sans jamais décoller ses lèvres des siennes! Ne parlons pas de la suite que j'ai pu observer et que je rougirais de devoir narrer en détail! Par exemple: la façon qu'il avait de la tripoter... Juste après avoir glissé... Sous mes yeux... L'impudent... Sa main... Sous la robe de Bacchus! Ahlala! J'aime mieux ne rien ajouter! Pour moi, c'est un élève qui nous a quittés, pour toi, un camarade, pour lui, un fils! Car je tiens pour mort celui en qui toute pudeur est morte! J'aime mieux ne rien ajouter! Parce que... Si j'avais voulu rester là... Dans mon coin... Tant soit peu davantage encore... A observer plus à fond... Tout son joli manège... Il n'y a pas de doute possible... J'aurais bien pu en voir... Plus que ne le permet la Bienséance. Plus que ne sauraient en souffrir les Convenances... Et pour lui... Et pour moi!

Mnésy: (*A part*) Le mort que tu as assassiné, beau compagnon, c'est moi! Quant à cette femelle, la malemort m'emporte si je n'en tire pas une vengeance capitale! Est-il possible à ce point de ne plus savoir sur qui compter, en qui se fier?

Lycy: (*A Philo*) Regarde comme il est douloureusement affecté par la débauche de sa géniture, de son camarade, et comme cette douleur le torture...

Philo: (*Abattu, se retirant*) Mnésy, je t'en conjure, sois le guide de son cœur et celui de sa raison. Sauve ton camarade, sauve mon fils!

Mnésy: Je ferai de mon mieux.

Lycy: Ce ne serait sans doute pas plus mal de me dire de rester avec lui afin d'agir de concert...

Philo: Il est assez grand pour y parvenir seul. Mnésy, je te confie ce soin. Morigène-moi de la belle manière ce dépravé qui nous déshonore de ses turpitudes, toi, moi, et tous ses amis. C'est à toi que j'abandonne entièrement ce fardeau. Lycy, suis-moi par ici.

Lycy: Je... suis Lycy, celui qui suit...

Scène 4

MNÉSY, BIDON ET LE CHŒUR.

Mnésy: (*Seul, sur le devant de la scène: sorte de monologue d'Hamlet de comédie, au bord du suicide; propos sans cohérence parfaite, avec des revirements incessants*). De mes deux ennemis, lequel est le plus cruel? Lequel: mon «camarade» ou bien Bacsans? Là est toute la question! Que dis-tu? C'est lui qui a ta préférence? Garde-le! C'est parfait comme ça! Le ciel veillera à ce qu'elle ait ainsi forgé l'instrument de sa propre perte. Car désormais, que la terre entière considère mes serments comme sacrilèges, si moi je ne laisse paraître de façon exemplaire et éclatante que moi je les m... Que moi je l'aime! Non! Je ne suis pas homme à supporter qu'elle aille raconter que je suis le gros bébé dont elle se joue! Non! Ma décision est arrêtée: de ce pas je m'en retourne à la maison et là, sans témoin, je veux en finir... En finir une fois pour toutes avec... les économies de Papa! Et je lui donnerai tout, à elle! Oui! Ma vengeance contre cette créature s'exercera de mille manières. Je te la rabaisserai au rang de mendiant... Du pauvre mendiant que sera devenu Papa! Mais, ma tête conserve-t-elle encore toute sa lucidité, pour aller de la sorte prophétisant l'issue fatale de cette tragédie? Oui! J'en atteste le ciel: je l'aime, je le sens bien, pour autant cependant que je puisse encore être certain de quoi que ce soit. Mais que dis-je? Plutôt que de la voir s'accrocher grâce à mon argent la moindre parure, se payer le moindre bout de plume, j'aimerai mieux en être réduit à faire l'aumône aux portes. Je te lui ferai passer le goût de vivre pour se gausser de moi! Oui! Ma résolution est prise: je vais rendre tout l'argent à Papa; comme cela, quand je serai à sec et sans le sou, j'en suis sûr, elle va venir, pour me consoler... Mais cela me fera à peu près autant d'effet que les jolis discours que l'on débite à son cher défunt, juste avant de le pousser dans le trou! Oui! Ma résolution est prise: je rends l'argent à Papa, et en même temps, je lui demande de ne pas châtier Lartiche à cause de moi, de ne pas lui garder rancune pour le méchant tour qu'il lui a joué à propos de cette somme à cause de moi, c'est bien justice de ma part que de protéger celui qui lui a menti à cause de moi!

(*Aux spectateurs*). Allez, vous autres, venez avec moi!

(*Il entre dans la maison*).

Scène 5

PISTON, MNÉSY, BIDON ET LE CHŒUR.

Piston: (*Sortant de chez les Bacchus*). Tes ordres, Bacplus, ne sauraient souffrir de retard, et je cours à l'instant chercher Mnésy; je te le ramène immédiatement. (*Seul*) De fait, moi aussi, je commence à trouver son retard inquiétant. A-t-il bien reçu mon message? Allons voir chez lui. Si cela se trouve, il est déjà rentré!
(*Ici un curieux chassé-croisé: tandis que Piston se dirige vers la maison de Niki, Mnésy qui vient d'en sortir précipitamment s'adresse aux spectateurs sur le devant de la scène*).

Mnésy: Ouf! Ça y est: j'ai tout rendu à Papa! Et maintenant, j'aimerais bien la rencontrer un peu ma belle méprisante, maintenant que je suis à sec! Mais le pardon de Lartiche... Cela n'a pas été sans mal! C'est vraiment au dernier moment que j'ai réussi à arracher au vieux toute idée de vengeance...

Piston: (*Apercevant Mnésy, avant d'arriver devant sa porte*).
Mais, ne serait-ce point là mon camarade?

Mnésy: Ne serait-ce point là mon ennemi que j'aperçois?

Piston: Mais oui! C'est lui!

Mnésy: C'est lui! Allons-y carrément!

Piston: Volons à sa rencontre! Bonjour, Mnésy!

Mnésy: (*Sec*) Salut!

Piston: Pour fêter ton retour de l'étranger, je t'invite à dîner.

Mnésy: J'en ai rien à fiche d'un dîner: ça me fait monter le cholestérol!

Piston: Toi, en rentrant, on a du te réserver quelque méchante surprise!

Mnésy: Je dirais même des plus désagréables!

Piston: Qui est-ce qui t'a fait un mauvais coup?

Mnésy: Quelqu'un que jusque là j'avais cru mon ami!

Piston: Ce genre de procédé est devenu très commun, aujourd'hui. C'est au moment où tu crois le mieux t'être fait un ami, que tu découvres un maître fourbe, expert-ès-fourberies, prêt à tout en paroles, mais, en actes, plus personne, envolées les grandes protestations de fidélité! Tiens: en connais-tu un seul qui ne crève pas de jalousie, quand tu réussis dans tel ou tel projet? D'ailleurs, eux-mêmes, avec leur lâcheté naturelle, ils prennent grand soin qu'on ne puisse jamais rien leur envier.

Mnésy: J'ai comme une idée que tu les connais bien, les gens de cette espèce! Ajoute cependant encore ceci: ils trouvent en leurs esprits mauvais, l'instrument de leur propre châtiment; n'étant amis de personne, ils ont tout le monde pour ennemi; et en croyant tromper les autres, ils ne trompent qu'eux-mêmes, les imbéciles! Tel est bien celui que je croyais mon ami et un autre moi-même... Voilà l'homme qui a mis tout son soin, dépensé toute sa peine, à me faire autant de mal qu'il pouvait, pour me ravir mon bien le plus précieux.

Piston: Ce doit être un personnage passablement dégoûtant, pour faire des choses pareilles!

Mnésy: (*Le regardant fixement*) Effectivement, c'est bien aussi mon avis!

Piston: Je t'en prie, dis-moi de qui il s'agit?

Mnésy: S'il n'était de tes amis, je te demanderais volontiers d'aller lui faire un malheur, comme je sais pertinemment que tu sais le faire...

Piston: Tu n'as qu'à me le nommer: si je ne fais pas un malheur, son malheur, je veux bien que tu me considères comme le dernier des lâches!

Mnésy: C'est... Un pas-grand-chose, bien qu'il fasse partie de tes amis...

Piston: Raison de plus pour me donner son nom: en me débarrassant d'un pas-grand-chose, je ne perdrai pas beaucoup...

Mnésy: Je vois qu'il ne m'est plus possible de te taire davantage son identité: celui qui m'a tué, Piston, c'est toi, c'est toi qui m'as fait crever, moi ton ami, complètement démoli!

Piston: Qu'est-ce que c'est encore que cette histoire?

Mnésy: Belle histoire effectivement! N'as-tu pas reçu une lettre d'Ephèse, une lettre de moi, où je te parlais de ma petite amie, où je te demandais de me la retrouver?

Piston: Mais je reconnais entièrement l'exactitude des faits et, du reste, je l'ai retrouvée!

Mnésy: Quoi! N'y a-t-il pas dans Athènes suffisamment de jolies filles avec qui tu pouvais t'amuser sans éprouver le besoin d'entreprendre aussi, en toute tranquillité, le cœur de celle que j'avais expressément recommandée à ton attention, sans avoir besoin de faire, comme tu dis, «un malheur», *mon malheur*?

Piston: Tu n'as plus ta tête ou quoi?

Mnésy: J'ai tout appris, et par la bouche de ton prof., en plus! Inutile de protester: tu m'as tué...

Piston: C'est bientôt fini, la série des injures?

Mnésy: Oui ou non, es-tu l'amant de Bacchus?

Piston: Oui, seulement, vois-tu, là-dedans, des Bacchus, il y en a deux!

Mnésy: Comment, deux?

Piston: Et qui plus est: deux sœurs!

Mnésy: Et vas-y donc: de l'humour à présent, et de l'humour noir, s'il vous plaît!

Piston: C'est pas fini! Si tu persistes à douter de ma parole, moi je t'attrape par la peau du cul et je te traîne à l'intérieur de cette maison...

Mnésy: Pas la peine; j'irai bien tout seul! Attends-moi là.

Piston: Pas question! Je t'accompagne et tu vas enfin pouvoir constater ma bonne foi.

Mnésy: Je te suis.

Bidon: Messieurs... C'est à vous en effet que mon discours s'adresse... Parce que, me semble-t-il, j'en vois plus d'un par là qui s'amusent fort de cette histoire, en ayant l'air de croire que ce ne sont là des choses qui n'arrivent qu'aux jeunes étourneaux. Attention! Vous pensez sans doute qu'il n'y a que deux Bacchus et qu'elles sont là, dans cette maison... Méfiez-vous: des Bacchus, il y en a partout autour de vous... Grandes ou petites, le monde est plein de Bacchus! La secte vous observe. Vous ne me croyez pas? Vous vous dites à l'abri, hors de la portée des flèches de Cupidon? Prudence! J'entends les pas de Vénus dans le noir, qui se rapprochent doucement de votre fauteuil! Inutile de vous retourner bêtement! Puisque vous vous sentez tellement intouchables et intangibles! Mais ouvrez tout de même fermement vos yeux et, tout en serrant fort les genoux et les fesses, observez la suite de cette histoire hilarotragédique.

Le Chœur: I. Dis-moi Vénus,

                 II. pourquoi Bacplus,

                 III. avec Bacchus,

                 IV. joue à la puce?

ACTE IV Scène 1

LE PARASITE DE BAROUDEUR, UN PETIT ESCLAVE,
BIDON ET LE CHŒUR.

Parasite: Je me présente: Parasite, c'est mon nom et mon métier: *alter ego* et mercenaire, au service d'une canaille, du militaire qui a ramené sa maîtresse de Samos. Il m'a donné l'ordre de venir la voir ici et de lui enjoindre, soit de lui rembourser son argent, soit de partir avec lui (*A un petit esclave*) Hep, toi, mon garçon, c'est bien toi qui tout à l'heure a raccompagné la belle chez elle: tu sais donc à quelle adresse nous devons frapper? Vas-y, cogne-moi un peu dans cette porte.
(*Le petit esclave frappe avec un doigt de pied*).
Reviens ici, gibier de potence! Regardez-moi comme elle frappe, cette petite ordure! Ça peut vous engloutir un pain grand comme ça, et ça ne sait pas frapper à une porte!
(*Il frappe avec le pied*). Y'a personne là-dedans? Hello, y'a personne oui? Y'a personne qui ouvre cette porte? Y'a personne qui sorte un peu?

Scène 2

LE PARASITE DE BAROUDEUR, PISTON, UN PETIT ESCLAVE, BIDON ET LE CHŒUR.

Piston: Qu'est-ce que c'est que ces façons? Qu'est-ce que c'est que ce tapage? Qu'est-ce qui se passe? Quel démon te poursuit, pour venir ainsi passer tes nerfs sur la porte d'autrui? Tu l'as quasiment mise en pièces, cette porte! Alors, c'est à quel sujet?

Parasite: Bonjour, mon jeune monsieur...

Piston: Bonjour! Alors, c'est pour qui?

Parasite: Pour Bacchus.

Piston: Laquelle?.. Il y en a deux!

Parasite: On ne m'a rien dit de plus que Bacchus. En deux mots, voici l'affaire: le commandant Baroudeur dont j'ai été moi-même le petit ami, m'a envoyé lui dire, soit de lui rendre ses deux cent mille dollars, soit de partir aujourd'hui même avec lui à Elatée.

Piston: Elle ne part pas. Réponse: Négatif! Elle refuse de partir. Cours vite rapporter la réponse. Elle ne l'aime plus; elle en aime un autre. Tire-toi, et en vitesse!

Parasite: Encore un mal-éduqué et un mal-luné!

Piston: Et tu ne crois pas si bien dire! Mal-éduqué et mal-luné, moi? Mordieu, un grand malheur menace de s'abattre sur ta tronche: j'ai les mains qui me démangent de jouer aux casses-dents... Comme un dentiste au chômage technique!

Parasite: (A part) Si j'interprète correctement son discours, prudence: il pourrait bien me faire sauter les casse-noix de mes mâchoires! (A Piston) C'est donc à tes risques et périls que je vais lui rapporter cette réponse?

Piston: Que dis-tu?

Parasite: ... Que je vais porter ta réponse.

Piston: Au fait, qui es-tu exactement?

Parasite: (*Sentencieux*) Du corps de ce héros, je suis la carapace et la carpette!

Piston: Piètre héros, vu la carpette!

Parasite: Il va venir bander sur toi... l'arc de son ire...

Piston: C'est ça, on lui donnera un coup de main!

Parasite: Et à part cela, mon minet, tu n'as pas besoin d'un petit quelque chose?

Piston: Si, que tu foutes le camp, et plus vite que cela encore!

Parasite: Salut, le casse-dents! Salut, le casse-bonbons!

Piston: Et toi, salut, la carapace! La capote! La carpette!

Piston: (*Seul*) Vu le cours des événements, je ne vois pas quel conseil je pourrais bien donner à mon camarade au sujet de sa petite amie... Le voilà qui, dans sa colère, s'est mis à rendre tout l'argent à son père. Il ne lui reste plus rien pour rembourser le militaire... Mais retirons-nous de ce côté: il vient de retentir un bruit de porte. C'est Mnésy qui vient et qui porte... un masque bien chagrin...

Scène 3

Mnésy: (*Sans voir Piston*) Impulsif, esprit impétueux, et irascible, et indomptable, et irréfléchi, ni mesure ni modération, voilà mon portrait: aucun sentiment du droit ni de l'honneur; pas de parole, pas de contrôle de soi, pas d'ami; pas d'intérêt, voilà ma vie; un génie malfaisant, voilà ma nature. Pour finir, je détiens tous les défauts que je souhaite aux autres. C'est incroyable: il n'y a pas au monde créature plus vile ni plus indigne de la faveur des Dieux ou de l'amitié et de la société des humains. Il vaut mieux m'avoir pour ennemi que pour ami: je fais plus de cas de l'aide des méchants que de celle des braves gens. Toutes les injures que méritent les parjures, je vous jure que personne ne les mérite autant que moi. Aller rendre tout l'argent à Papa... Quand j'étais amoureux et que j'avais de quoi payer... Vraiment quel pauvre type! Je me suis moi-même anéanti et j'ai ruiné les efforts de Lartiche...

Piston: C'est le moment de le consoler; allons-y. Mnésy, qu'est-ce que tu deviens?

Mnésy: ... Décédé.

(*Il s'est laissé tomber; étendu sur le sol; il relève le pan de toge qu'il a ramené sur son visage*).

Piston: Les Dieux nous en préservent!

Mnésy: ... Décédé, mort et enterré au Père Lachaise!

Piston: Silence, fais pas l'andouille!

Mnésy: Silence?

Piston: Tu m'as pas l'air en forme!

Mnésy: ... H.S. je te dis (*Un temps*) J'ai mal au cœur... A cause de tous mes regrets et remords amers... Comment ai-je pu croire en ta trahison? Ah! Que j'ai été injuste de me mettre en colère contre toi!

Piston: Allons, allons, il faut reprendre le moral.

Mnésy: Le reprendre... Où ça? Je vaux moins qu'un homme mort et au Purgatoire.

Piston: Le parasite du militaire est venu tout à l'heure, pour réclamer son argent. Mais je lui ai réservé un méchant discours; «dehors», «à la porte», «le vilain monsieur».

Mnésy: Et qu'est ce que j'y gagne? Que faire? Je n'ai plus rien, pauvre de moi! Il va emmener la petite avec lui, c'est évident.

Piston: Tu sais que si j'avais les moyens, ce ne seraient pas des promesses que je te donnerais.

Mnésy: Je sais, tu me donnerais du liquide. Je te connais. Et du reste, si tu n'étais pas amoureux toi aussi, je n'aurais pas une telle confiance en toi. Mais tu as déjà suffisamment à faire avec tes propres ennuis. Moi, compter sur toi? Sur la diligence d'un indigent? Quelle idée!

Piston: Tais-toi donc: il y aura bien une divinité quelconque pour jeter un œil sur nous.

Mnésy: Cause toujours... Une vieille déesse voyeuse!

Piston: Reste ici...

Mnésy: C'est à quel sujet?

Piston: La Providence, ta Providence, est là, qui s'avance; je la vois: c'est Lartiche en personne!

Scène 4

LARTICHE, MNÉSY, PISTON, BIDON ET LE CHŒUR.

Lartiche: Ah! Là! Bonheur! Voici justement l'homme que je cherche. (*A Mnésy qui marche la tête basse*). Hé, patron, combien as-tu perdu de dollars, pour regarder ainsi par terre? Expliquez-moi, tous les deux, cet air morose et triste que je vous vois. Cela me fait d'autant moins rire que j'en ignore la raison. Répondez quelque chose, à la fin, ...

Mnésy: Ah! Lartiche! Je suis mort!

Lartiche: Toi, tu vas t'avoir mis trop peu de fric de côté...

Mnésy: Ah! Misère! Quel trop peu! Pour tout te dire: c'est plutôt beaucoup moins encore, que trop peu!

Lartiche: Complètement débile! Comment? Tu avais la chance, grâce à mes œuvres, de prendre autant qu'il te plaisait, et tu t'es contenté d'en prendre juste une pincée? Le délicat petit con! Tu te figures que de telles occasions se présentent tout le temps dans la vie?

Mnésy: Tu ne me suis pas.

Lartiche: C'est toi qui ne m'as pas suivi, quand tu n'as pas plongé dans le tas à pleines poignées!

Mnésy: Hélas! Tu me feras bien d'autres reproches quand tu sauras le reste. Je suis mort! Décédé! Défunt! *De profundis*!

Lartiche: Rien qu'à ces paroles, j'imagine déjà un malheur plus grand que ça!

Mnésy: Je suis mort et enterré: le Père Lachaise!

Lartiche: A cause de quoi?

Mnésy: Parce que j'ai tout rendu à Papa, jusqu'au dernier copeau!

Lartiche: ... Tu as rendu...

Mnésy: ... J'ai rendu...

Lartiche: ... Jusqu'au...

Mnésy: ... Dernier copeau!

Lartiche: Nous sommes morts et enterrés au Père Lachaise! Quelle idée morbide t'est passée par la tête? Pourquoi avoir accompli une action aussi noire?

Mnésy: C'est à cause d'une erreur, Lartiche! Je les ai soupçonnés, Bacsans et lui, de m'avoir voulu du mal; tant et si bien que je me suis mis en colère et que j'ai rendu tout l'argent au triste individu qui est mon père.

Lartiche:Et que lui as-tu dit, à ton père, en lui rendant l'argent?

Mnésy: Que je l'avais reçu, sans difficulté, de notre hôte, le fils d'Archifaussaire!

Lartiche: Et voilà! Grâce à ton beau discours, tu as aujourd'hui envoyé Lartiche à la chaise électrique: le vieux ne m'aura pas sitôt vu, qu'il me livrera au bourreau, et sans perdre un instant encore.

Mnésy: Mais non, j'ai obtenu de lui...

Lartiche: ... Ah oui: qu'il m'exécute en douceur, avec un thermostat, c'est évident...

Mnésy: ... Mais non: qu'il ne te fasse aucun mal et qu'il oublie toute cette histoire. Cela n'a pas été facile. A présent, il faut que tu me rendes un service.

Lartiche: Quel service?

Mnésy: Tâche de nous ouvrir encore un chemin d'accès au vieux. Invente, façonne et fabrique les pièges que tu voudras, sans oublier la glu; il nous faut aujourd'hui scientifiquement berner le vieux scientifique et lui soutirer ses sous.

Lartiche: Mission impossible, ou presque, évidemment!

Mnésy: Si tu entreprends, tu réussiras sans difficulté.

Lartiche: Sans difficultés? Malheureux! Rien de plus facile, en effet, pour moi qu'il vient tout juste de prendre en flagrant délit de mensonge! Rien de plus facile, en effet, pour moi qu'il croirait à peine si je le suppliais de ne me croire en rien!

Mnésy: Sans doute... Mais si tu l'avais entendu dire de toi ce qu'il m'a dit de toi?

Lartiche: Qu'est-ce qu'il t'a dit?

Mnésy: Il m'a dit que si tu lui chantais: «Hello, le soleil brille, brille, brille» ...Il croirait que c'est la lune, et que la nuit a soudain remplacé le jour!

Lartiche: Par tous les Dieux, je m'en vais de ce pas te moucher ce monsieur proprement, et le lui faire apprendre à tenir sa langue!

Piston: A présent, nous, dis-nous ce qu'on doit faire?

Lartiche: Voici mon unique commandement: faites l'amour! Pour le reste, demandez-moi tout l'argent que vous voudrez: moi, je vous le donnerai. A quoi bon s'appeler Lartiche, si mes actes ne justifient pas l'étymologie de mon nom? Allons, Mnésy, parlons fric: combien te faut-il en petits billets verts *rapido presto*.

Mnésy: Il m'en faut déjà deux cent mille dollars que le militaire demande pour libérer ma Bacchus.

Lartiche: Accordé.

Mnésy: Alors, à ce moment, interviendraient nos frais de...

Lartiche: Ouille! Doucement, les amis! Chaque chose en son temps! Quand j'aurai fait ceci, je ferai cela. Je m'en vais commencer pas dresser ma baliste contre le vieux. Rapport aux deux cent mille dollars. Si ma baliste renverse la tour et les fortifications, aussitôt, j'emprunte la porte directe et je pénètre dans ce vieux bastion décrépi. Si, comme je l'espère, je le prends, alors vous pourrez porter le fric à vos chéries, et à pleines valises encore!

Piston: Tous nos espoirs sont en toi.

Lartiche: Bon, maintenant, toi, Piston, tu entres chez les Bacchus et tu m'apportes...

Piston: Quoi?

Lartiche: Stylo, papier, l'enveloppe et le timbre.

Piston: La commande est passée: ça marche!

Mnésy: Et maintenant, dis-moi ce que tu vas faire?

Lartiche: Le déjeuner est-il en train? Serez-vous là tous les deux? Ta donzelle sera-t-elle là pour faire le troisième?

Lartiche: Et Piston, pas de petite amie?

Mnésy: Mais si, naturellement: il est amoureux de l'une, et moi de l'autre, car il y a deux sœurs Bacchus!

Lartiche: Qu'est-ce que tu me racontes?

Mnésy: Je te raconte ce qui va se passer!

Lartiche: Où avez-vous fait dresser la table avec ses deux canapés autour?

Mnésy: Pourquoi t'en préoccuper?

Lartiche: C'est comme cela: je veux qu'on me dise tout. Tu ne connais pas encore mon *scénario* ni le grand machin que je projette.

Mnésy: Tu me prends par la main et tu me suis jusqu'à cette porte. Jette un œil à l'intérieur.

Lartiche: Sensationnel! Vraiment ravissant, ce petit coin! Et encore mieux que ce que j'espérais!

Piston: La commande de monsieur! Commande sans bavure, service sans bavure! Le client n'attend pas!

Mnésy: (*Alléché*) Que nous as-tu mitonné?

Piston: Mitonné? Heu! Ben tout ça, ta commande, quoi!

Lartiche: (*A Mnésy*) Sers-toi! Sans manière: stylo, papier, enveloppe et timbre…

Mnésy: Et la suite, c'est quoi?

Lartiche: La suite? Je vais te la dicter; écris là. De fait, je veux que ce soit toi qui écrives, en sorte que ton père reconnaisse ton écriture quand il la lira. Ecris:

Mnésy: J'écris quoi?

Lartiche: Formules de salutation à ta convenance, pour ton père, quoi!

Mnésy: Et si je lui souhaitais plutôt une bonne petite maladie radicale? Cela ne serait-il pas plus direct?

Lartiche: Tu n'interromps pas!

Mnésy: Bon, ça y est; ce que tu m'as ordonné d'écrire est déjà couché sur le papier

Lartiche: Lis-nous un peu, pour voir le style…

Mnésy: «Mnésy adresse à son père ses salutations distinguées…»

Lartiche: Ajoute ceci, immédiatement: «Papa, Lartiche ne cesse de me dire des ceci et des cela peu convenables, sous prétexte que je t'ai rendu l'argent et que je n'ai pas voulu t'escroquer, et puis…»

Pison: Attends! Laisse le écrire déjà ça!

Lartiche: Un amoureux doit avoir la main leste!

Piston: Ah pour ça, leste, il l'a, mais c'est plutôt pour balancer l'argent par les fenêtres que pour écrire!

Mnésy: Continue; j'ai fini.

Lartiche: «et puis, c'est pourquoi, mon cher Papa, tu dois te méfier de lui. Il prépare des traquenards afin de te subtiliser tout ton argent, car il l'a dit, pour de vrai, qu'il allait te subtiliser tout ton argent.» (*A Mnésy qui s'est arrêté*) Alors! Tu continues, oui?

Mnésy: Tu n'as qu'à dicter…

Lartiche: «Et il me promet de me donner cet or, pour que je le donne à des filles et que je le croque dans les bouges à faire la vie du Club-Méd. Papa! Aussi, Papa, veille bien à ce qu'il ne te trompe pas, je t'en prie, méfie-toi.»

Mnésy: C'est tout?

Lartiche: Tu ajoutes tes…

Mnésy: Non! Tu dictes, et moi j'écris.

Lartiche: «En revanche, Papa, je te prie de te souvenir de ta promesse pour Lartiche: ne le bats pas, mais garde-le près de toi, à la maison, solidement attaché.» (*A Piston*) Donne l'enveloppe et le timbre, en vitesse! (*A Mnésy*) Allez, tu lèches et tu cachètes, et sans traîner.

Mnésy: Je t'en supplie pourquoi une telle lettre qui aura un tel effet? Tu veux vraiment qu'il ne te croie pas et qu'il te garde attaché à la maison?

Lartiche: Tel est mon bon plaisir. De grâce, occupe-toi de toi et ne t'en fais pas pour moi. Je me suis chargé de cette affaire, parce que j'ai confiance en moi; et je mène toute l'opération à mes risques et périls.

Mnésy: C'est ton droit.

Lartiche: Alors, cette lettre?

Mnésy: Voilà!

Lartiche: Je demande votre attention: voici votre travail. Mnésy et toi, Piston, sans perdre un instant, vous allez vous étendre sur les canapés, chacun avec sa chacune, et, dans la pièce même où l'on vous a dressé le couvert, vous commencez à boire, et rapidement.

Piston: Et avec cela?

Lartiche: Ceci, encore: une fois que vous vous serez étendus, ne vous relevez sous aucun prétexte, jusqu'à ce que je vous en donne le signal.

Piston: Voilà un général qui sait commander!

Lartiche: Vous devriez déjà avoir éclusé la deuxième tournée!

Mnésy: On se sauve…

Lartiche: Et tâchez de me faire de la belle ouvrage! Je vais en faire de même!

Scène 5

Lartiche: J'ai mis en route une affaire parfaitement démente! J'ai bien peur de ne pouvoir atteindre aujourd'hui le bout du tunnel sous la Manche... Ce qu'il me faut, pour le moment, c'est déchaîner la grogne et la rogne du vieux sur moi. Car cela saperait tous mes artifices, si le vieux gardait son calme quand il me verra. Sur ma vie, je vais te le faire virevolter gentiment aujourd'hui. Je te vais le faire frire sur toute les faces, comme une limande bien dorée. Faisons les cent pas devant sa porte, jusqu'à ce qu'il sorte et, dès qu'il paraîtra, remettons-lui la lettre en mains propres.

Scène 6

Niki: (*Sans voir Lartiche*) Alors ça, c'est l'événement de la journée! Les ennuis continuent! Comme ça, Lartiche a réussi à m'échapper!

Lartiche: Faisons le premier pas!

Niki: Salut! Fidèle serviteur! Comment cela va-t-il? C'est-y pour bientôt, mon embarquement à Éphèse, où je dois aller réclamer mon argent à Dollartich' et le rapporter à la maison? Tu ne dis rien? Par tous les dieux, je te jure que si je n'aimais pas tant mon petit, que si je ne désirais pas si fort faire le maximum pour lui, je te ferais proprement briser les côtes à coups de fouet et que je t'enverrais user les derniers jours de ton existence à tourner la meule, et avec les fers aux pieds, en prime!… Mnésy m'a tout raconté, toutes tes crapuleries! Canaille! Bandit! Escroc!

Lartiche: Ah! Parce que c'est lui qui m'accuse! Ah bon! C'est parfait! Le méchant, alors, c'est moi! Le criminel maudit, c'est moi! Prends un peu connaissance du dossier! Aucune déclaration à ajouter, en ce qui me concerne!

Niki: Et avec ça, bourreau, c'est toi qui manie la menace?

Lartiche: Tu vas savoir tout de suite ce qu'il vaut en réalité: tiens, voici la lettre qu'il m'a ordonnée de te remettre, avec prière de faire exactement ce qui est écrit dedans.

Niki: Voyons donc!

Lartiche: Précaution: tu reconnais la signature?

Niki: Parfaitement! Mais, lui, où est-il à présent?

Lartiche: Moi y'en a pas savoir. Moi y'en a plus jamais savoir. Moi y'en a avoir tout oublié. Moi y'en a savoir, moi être esclave. Moi y'en a pas savoir même ce que moi y'en a savoir… (*A part, pendant que Niki lit la lettre*). Ça y est: ma petite grive est dans le piège, en train d'essayer d'attraper son petit lombric! J'ai si bien tendu la corde, qu'on va avoir aujourd'hui un joli pendu!

Niki: Lartiche, un instant! Tu m'attends! Je reviens tout de suite.

Lartiche: Ben voyons! Comme si je ne savais pas ton idée! Il est allé quérir main forte à l'intérieur, pour me faire enchaîner. Ohé! Du bateau! Pas mal, la manœuvre! A mon tour de lancer mon vaisseau! A l'abordage!... Mais, silence: j'entends la porte s'ouvrir...

Scène 7

Niki: Vite, Lacogne! Tu lui passes les menottes.

Lartiche: Qu'est-ce que j'ai fait?

Niki: Et tu lui balances un bon coup de poing dans la gueule, s'il
ne veut pas la fermer!

(*A Lartiche*) Tu sais ce que raconte cette lettre?

Lartiche: C'est à moi que tu le demandes? Il me l'a donnée cachetée,
et je l'ai remise, cachetée.

Niki: Alors, comme ça! A mon petit à moi, tu lui aurais tenu des
propos pas convenables, parce qu'il m'avait rendu mon argent?
Et tu te serais vanté de m'en dépouiller quand même, au moyen
de traquenards?

Lartiche: J'aurais dit ça, moi?

Qui est-ce qui dit que j'ai dit ça?

Niki: Silence: Personne ne le dit: ce sont ces mots qui t'accusent,
ceux que tu viens d'apporter toi-même. Regarde: ils ordonnent
de te ligoter.

Lartiche: Ahlala! Ton fils a fait de moi un nouveau Bellerophon:
j'ai moi-même porté cette lettre qui disait d'enchaîner le porteur! Sans importance... Passons! Passons!

Niki: Ce que je fais, c'est à cause que tu donnes à mon petit cette
idée de mener la vie du Club-Méd. avec toi, triple empoi-
sonneur!

Lartiche: Pauvre type! Pauvre type, va! On est en train de te vendre
comme esclave, et tu ne le sais pas! Te voilà sur la pierre
même du comptoir, comme le crie le crieur...

Niki: Réponds: qui est-ce qui veut me vendre?

Lartiche: Celui que les Dieux chérissent, meurt jeune, dans la pléni-
tude de ses forces, de ses sens et de ses sentiments. L'homme
que voici, si quelque dieu avait tant soit peu d'affection à son

endroit, ça fait plus de dix ans, plus de vingt ans même, qu'il devrait être mort. Il promène encore sa face sur la terre qui le déteste. Il ne sait ni ne sent plus rien. En somme, c'est comme un champignon pourri...

Niki: C'est toi qui affirme que la terre me déteste? Toi, tu me l'emmène dans la maison! Attache le solidement à une colonne. De là, tu pourras toujours essayer de me dérober mon argent!

Lartiche: Mais c'est toi qui me le donneras!

Niki: Moi, je te le donnerai?

Lartiche: Et tu seras le premier à me prier de le prendre, quand tu sauras en quel péril et dans quelle situation funeste se trouve mon calomniateur. Alors tu offriras la liberté à Lartiche; et moi je ne l'accepterai jamais de la vie.

Niki: Parle, gueule d'assassin! Parle: en quel péril se trouve Mnésy, mon fils?

Lartiche: Suis-moi par ici: je vais te l'apprendre tout de suite.

Niki: A quelque endroit de l'univers que...

Lartiche: C'est à trois pas seulement!

Niki: A dix pas, si tu veux.

Lartiche: Allons-y, Lacogne! Entrebâille cette porte! Pas si fort! Faut pas faire de bruit! Là, comme ça! (A Niki) Et toi, approche un peu. Tu vois les invités?

Niki: Oui! Juste en face: Piston et Bacchus!

Lartiche: Et sur l'autre canapé, qui sont-ce?

Niki: Mort de ma vie! Miséricorde!

Lartiche: Le monsieur, tu le reconnais?

Niki: Oui!

Lartiche: Un mot, s'il te plaît: la fille, tu la trouves comment?

Niki: Du tonnerre de Zeus!

Lartiche: Mais encore: elle, tu la crois du métier?

Niki: Ça se pourrait bien!

Lartiche: Réponse... Fausse!

Niki: De qui s'agit-il donc, sois gentil...?

Lartiche: A toi de trouver! Pour ma part, maintenant, je ne peux pas t'en dire davantage.

Scène 8

Baroudeur: Ma femme! On me dit que ce Mnésy, le fils de Niki, séquestrait ma femme! Qu'est-ce que c'est que ces façons? Ma femme!

Niki: (*A Lartiche*) Qui est-ce?

Lartiche: (*A part*) Le militaire tombe à pic!

Baroudeur: Ma parole! Moi! Un combattant d'active! Il me prend pour une nénette! Il ne connaît pas ma défense ni ma technique de protection des miens. Attends que je te mette la main dessus. Je veux bien que Bellone et Mars n'aient plus jamais confiance en moi, si je ne te l'étends raide avec privation complète du droit de vivre!

Niki: Lartiche, qui est cet homme qui menace mon fils?

Lartiche: C'est le monsieur de la dame du canapé avec qui il est allongé.

Niki: Quoi? Le mari de la dame?

Lartiche: Oui, le mari de la dame du canapé!

Niki: Pitié! C'est une femme mariée?

Lartiche: Tu ne vas pas tarder à le savoir.

Niki: Miséricorde! C'est le coup de grâce!

Lartiche: Et alors, maintenant, il a toujours une gueule d'assassin, le Lartiche? Vas-y, c'est le moment de me faire attacher pour écouter ton mouchard de fiston! Je t'avais bien dit que tu ne tarderais pas à le découvrir tel qu'il est.

Niki: Que faire, à présent?

Lartiche: Si tu voulais bien: me faire détacher, et immédiatement, parce que si l'on ne me détache pas, l'autre va surprendre ton petit bonhomme en flagrant délit.

Baroudeur: Je donnerais une fortune pour lui mettre mon poing sur la gueule, pendant qu'il couche avec elle, et leur couper le cou à tous les deux.

Lartiche: Tu entends ce qu'il dit? Alors, tu me fais libérer?

Niki: Détache le! Miséricorde, je suis mort de peur.

Baroudeur: Quant à la jolie, qui fait commerce public de ses charmes, je vais lui faire passer l'envie de raconter qu'elle a trouvé une bonne poire.

Lartiche: (*A Niki*) Tu pourrais certainement t'arranger avec lui, si tu lui faisais une proposition...

Niki: Arrange ce que tu voudras, à ta convenance, je t'en supplie... Pourvu qu'il ne surprenne pas mon petit bonhomme en flagrant délit, et qu'il n'aille pas me lui couper... le cou... ou le reste!

Lartiche: Comme ça, maintenant, si l'on ne me redonne pas les deux cent mille dollars, c'est moi qui vais abréger leur existence!

Niki: C'est bon... Conclus un arrangement sur cette base, si tu peux, et même sur la base que tu voudras.

Lartiche: On y va! On va vous arranger ça! (*A Baroudeur*) En voilà des cris! Qu'est-ce qui t'arrive?

Baroudeur: Où est ton patron?

Lartiche: Disparu. Je ne sais rien. Veux-tu de l'accord suivant: on s'engage à te donner deux cent mille dollars, en échange, tu vas faire ton tapage et ton vacarme ailleurs?

Baroudeur: Rien de plus agréable.

Lartiche: Clause annexe: j'aurai l'honneur de te gratifier d'un tas d'injures.

Baroudeur: A ta guise.

Niki: Comme il le flatte, le bourreau!

Lartiche: Voici le père de Mnésy; suis-moi pour l'engagement; et point besoin de commentaires superflus.

(*Ils vont à Niki*).

Niki: Alors? Alors?

Lartiche: Marché conclu à deux cents.

Niki: Ah! Mon sauveur! Tu me sauves la vie. Quand pourrai-je lui déclarer mon accord?

Lartiche: (*A Baroudeur*) Toi, tu fais ta demande. (*A Niki*) toi, tu fais ta promesse.

Niki: Je promets; demande.

Baroudeur: Me donneras-tu deux cent mille dollars? Des vrais, hein, pas des faux?

Lartiche: Alors, réponds qu'on les donnera... affirmatif?

Niki: Je les donnerai... affirmatif!

Lartiche: (*A Baroudeur*) Ça va comme ça, hein, triste sire? Bon, on te doit encore quelque chose? Non, alors n'importune pas davantage monsieur! Rengaine moi tes menaces! Monsieur et moi, nous te présentons nos meilleurs vœux de malheur! Certes, tu as un sabre, mais nous, à la maison, nous avons une broche: si tu me mets en colère, je m'en vais te transpercer plus que ne l'est actuellement le trou de ta petite souris! Remarque bien: cela fait un bout de temps que j'ai deviné le soupçon qui te tourmente: tu penses qu'il est en compagnie de la belle?

Baroudeur: C'est sûr: il est avec elle.

Lartiche: Pour l'amour de Jupiter, de Junon, Cérès, Minerve, Latone, l'Espérance, la Richesse, la Vertu, Vénus, Castor, Pollux, Mars, Mercure, Hercule, la Main-de-ma-Sœur, le Soleil, Saturne, bref, pour l'amour de tous les dieux: non! Il n'est pas avec elle; ni sur un canapé, ni à la promenade, ni en train de l'embrasser, ni en train de faire... Troulalalhitou... Comme on dit!

Niki: (*A part*) Comme il jure bien! Il me sauve par son parjure!

Baroudeur: Mais alors, où est donc Mnésy?

Lartiche: Son père l'a envoyé à la campagne. Et quant à elle, la petite est montée tout en haut de la ville, pour visiter le temple de la vierge et chaste Minerve. A cette heure, c'est encore ouvert. Vas-y voir si elle y est bien!

Baroudeur: Bon, si c'est comme ça, j'irai plutôt au *forum*...

Lartiche: Va plutôt te faire foutre.

Baroudeur: Et mon argent, je pourrai le toucher aujourd'hui?

Lartiche: Tu le toucheras, avec la corde qui t'attend en promotion. Tu ne t'imagines pas qu'on va en plus te baiser les genoux comme des suppliants... Eh! Bon-à-rien! (*Baroudeur sort*).

Enfin parti! Maître, je t'en prie, par les deux immortels, permets-moi d'entrer dans cette maison pour aller voir ton fils.

Niki: Pourquoi vouloir entrer là-dedans?

Lartiche: J'ai pas mal de choses à lui dire, rapport à ses façons qui ne sont pas des façons de faire, bref: un bon sermon!

Niki: Autorisation accordée, et même c'est moi qui te prie et te supplie de lui parler sans ménagement.

Lartiche: Recommandation superfétatoire! Sois tranquille, il en entendra d'aussi fortes que celles que Socrate dégustait, quand sa femme l'attendait sur le palier pour lui faire sa fête!
(Il sort).

Niki: *(Seul)* Ce type-là me rappelle un compère-loriot. Quand tu n'en as pas, tu n'y penses pas et tu t'en passes très bien. Mais quand tu en tiens un, tu ne peux pas t'empêcher de le tripoter! Ouf! En tout cas, grâce à mon compère-Lartichaud, qui se trouvait là par un heureux hasard, le militaire n'a pas pu surprendre Mnésy en compagnie de sa femme. Il aurait égorgé mon pauvre petit, s'il l'avait coincé en flagrant délit d'adultère. Ces deux cent mille dollars que j'ai promis de verser au militaire, je les considère, comme qui dirait, comme une rançon pour mon fils. Mais je ne les verserai pas à la légère, ni sans avoir vu Mnésy au préalable. Et jamais au grand jamais, je ne ferai confiance à Lartiche sur sa bonne mine! Mais, il faut que je relise encore un coup cette lettre avec la dernière attention.
(Il sort).

Bidon: Le pauvre vieux! La Secte va le mettre sur la paille, directement ou par-derrière! Et quant à son fils, il aura bien du mal à le sortir de là. Il faudra qu'il aille lui-même l'arracher aux tentacules des Bacchus! Mais c'est à nos hôtes que revient une conclusion ponctuelle et partielle. Je leur laisse la parole:

Le Chœur: I. Tu parles, Charles!

          II. Tu causes, tu causes!

         III. Le vieux monsieur

         IV. Va s'faire des ch'veux!

Scène 9

LARTICHE, BIDON ET LE CHŒUR.

Lartiche: (*Sortant de la maison des Bacchus, tenant des papiers à la main*). On nous rebat les oreilles avec les exploits glorieux des deux Atrides, Agamemnon et Ménélas. C'est vrai qu'ils ont pris Troie! Mais c'est également vrai qu'ils firent de superbes cocus! Et d'ailleurs, sur cette prétendue prise de Troie, on pourrait revenir. D'abord pour savoir si ce n'est pas une invention de poète grec. Ensuite pour examiner quelques détails de l'épopée homérique, ou prétendue telle. Les Grecs, pour prendre Troie, ont eu besoin d'un stock d'armes considérable, des chevaux par milliers, une *armada* de guerriers d'élite, des vaisseaux au nombre de mille et un, et... en plus: de dix années! Mais tout cela ne fut qu'un jeu d'enfants auprès de la bataille que je vais livrer à mon vieux maître, seul et sans armée, Je suis Ulysse, et il est Troie! Cette lettre est le cheval de bois. Mnésy est couché, tel Achille sur son bûcher, avec sa brûlante petite pépée. On dirait Hélène et son Pâris. Mais voici notre vieillard qui s'approche, vieux Priam d'opérette, le Niki que je dois niquer!

Scène 10

NIKI, LARTICHE, BIDON ET LE CHŒUR.

Niki: Il y a un type qui parle par ici.

Lartiche: Ah! Niki, C'est moi!

Niki: Alors, où en est ta mission auprès de mon fils?

Lartiche: Approche!

Niki: Et alors!

Lartiche: Tu connais ma rhétorique! Il s'est mis à chialer, les yeux tout pleins de larmes, tandis que je débitais mes reproches, mes réprimandes et mes remontrances. Le grand jeu, quoi! Il a craqué…

Niki: Le pauvre! Que disait-il?

Lartiche: Rien, pas une parole: il pleurait.

Niki: Le pauvre! Et que faisait-il?

Lartiche: Rien, il écoutait sans rien dire ce que je disais.

Niki: Le pauvre!

Lartiche: Sans rien dire, le pauvre, il a écrit cette lettre et me l'a donnée, déjà cachetée. Il m'a chargé de te la remettre. Voilà, je l'ouvre… J'ai bien peur qu'elle ne chante la même chanson que sa lettre précédente… Mais, tiens: examine toi-même la signature. C'est bien la sienne?

Niki: Oui! Et j'ai hâte de lire cette lettre.

Lartiche: Vas-y, lis-la, prends ton temps! (*A part*) La ruine de Troie, en direct, a commencé sous vos yeux.

(*Il fait semblant de s'éloigner*).

Niki: Reste-là, le temps que je termine…

Lartiche: Mais je ne te sers pas à grand-chose!

Niki: Mais si, mais si! J'aurais peut-être des choses à te demander, des commissions, etc. Donc: c'est bien que tu saches ce qu'il m'a écrit.

Lartiche: J'en ai rien à cirer.

Niki: Tu restes quand même!

Lartiche: Ça sert à quoi?

Niki: Tu la fermes et tu fais ce qu'on te dit.

Lartiche: Bon! D'accord! On s'incruste!

Niki: Ah! Merde! J'ai pas mes lunettes: qu'est-ce qu'il écrit petit!

Lartiche: Ben voyons! Naturellement pour les aveugles! Mais pour ceux qui voient, elle est suffisamment aveuglante, cette écriture!

Niki: Ah! Ça y est! Voilà (*Il lit*). «Papa, mon petit Papa, tu remets deux cent mille dollars à Lartiche. C'est pour moi une question de vie ou de mort...» Deux cent mille coups de trique, oui, tu vas voir!

Lartiche: Une remarque, si tu permets?

Niki: Oui, quoi?

Lartiche: Y a pas de formule de salutation, au début de la lettre, sauf erreur!

Niki: Je n'en vois pas...

Lartiche: Il aurait pu prendre d'abord de tes nouvelles...

Niki: Pas que je sache...

Lartiche: Bon! Dans ces conditions, tu ne lui lâches pas un kopeck. Ou alors, qu'on ne me demande pas de lui porter le chèque! Non, mais! D'ailleurs, on m'a assez soupçonné comme ça: j'en ai ras le bol de vos histoires de fric!

Niki: T'affole pas la vieille: laisse-moi au moins aller jusqu'au bout de la bafouille!

Lartiche: Oui, si l'on veut: mais la formule du début est déjà tellement cloche et hyper-péteuse-plus-haut-que-ses-fesses... que moi...

Niki: Toi, toi, toi! Ecoute! C'est simple ce qu'il dit: «J'ai honte, j'ai honte, Papa, de paraître devant tes yeux, Papa. Tu es au parfum, Papa, de la fille... Je veux dire de cet affreux scandale que j'ai déclenché en couchant avec la femme d'un militaire de la Légion Etrangère.» Quel rigolo! Tu parles! La plaisanterie m'a déjà coûté deux cent mille dollars, pour étouffer les poursuites! Et lui racheter un casier vierge!

Lartiche: En ce qui me concerne, je lui avais déjà bien dit tout cela, avec mes réserves et mes mises en garde...

Niki: «Oui! J'ai agi comme un couillon, c'est le mot qui convient, Papa, n'est-ce pas, Papa? Mais, Papa, ne m'abandonne pas, Papa, si je suis à la fois coupable et victime de ma propre stupidité! J'ai succombé à l'amour... Tu me comprends, toi! Elle m'a ébloui! Crevé les yeux! Le coup de foudre, quoi! Tu vois. Alors, ensuite, j'ai dérapé. Je me suis laissé entraîner. J'ai fait des choses affreuses, dont je rougis maintenant et que je confesse à Dieu dans mon acte de contrition permanente.» Petit trou-du-cul-béni, tu aurais mieux fait de te surveiller avant, pour n'avoir pas à rougir après!

Lartiche: C'est bien aussi ce que je lui ai dit tantôt... A ce petit trou-du-cul-béni!

Niki: «Papa, je t'en prie, j'ai assez trinqué comme ça, avec les remontrances de Lartiche! Quelle brute! Epaisse mais utile: ses conseils m'ont remis dans le bon chemin. Tu dois lui en être reconnaissant, Papa!»

Lartiche: Sans blague? Il t'a écrit ça?

Niki: Regarde toi-même, tu verras.

Lartiche: C'est fou ce qu'on devient humble quand on se sent coupable!

Niki: «Maintenant, mon petit Papa, écoute: s'il m'était permis de t'adresser une faveur, je te dirais de me donner deux cent mille dollars. Pitié! Merci! Je t'en supplie!»

Lartiche: Pas même un «par la bonne Sainte-Marie-de-la-sainte-épine-du-chef-meurtri-du etc.»...

Niki: Laisse moi lire juqu'au bout, hein? «Voilà, Papa, l'ennui c'est que je me suis engagé, juré, craché. Je dois porter la somme à la petite avant ce soir. Autrement elle me quitte et embarque avec le gars de la légion. Mon petit Papa, il ne faudrait pas que ton fils, en plus, passe pour un garçon sans parole, ni foi, ni loi! Arrache-moi vite, vite, vite, à cette sorte de maison et aux griffes de cette créature. Elle m'a déjà fait dépenser tant d'argent et commettre trop d'actes scandaleux! Ne te fais pas de souci pour ces deux cent mille dollars...

Si je vis encore, je t'en rendrai six cent, avec les intérêts
Adieu! Pitié! Ne m'abandonne pas!» Qu'est-ce que tu en dis,
Lartiche?

Lartiche: Moi? Alors-là, je n'ai aucun conseil à fournir. Surtout
pour ensuite, en cas de pépin, m'entendre dire que c'est
de ma faute! Un avis cependant: à titre gratuit, si j'étais
à ta place, je crois que j'aimerais mieux donner l'argent
à mon fils, s'il ne peut pas honorer sa parole! Et c'est
pas moi qui irai te dire «fais ceci ou fais cela...» Tu fais
ce que tu veux... Moi, je n'ai pas de conseil à donner à
quiconque!

Niki: ... Ecoute: il me fait de la peine!

Lartiche: Ta réaction ne m'étonne pas: il est ton fils! Même s'il
fallait en cracher davantage, dans son intérêt, est-ce que cela
ne vaudrait pas mieux que de voir un scandale publié dans la
presse?

Bidon: Justement, à ce propos, parlons-en du rôle de la presse.

Le Chœur: I. Nullards. Connards.
            II. Bouffis. Pourris.
           III. Mélos. Pathos.
            IV. Vendus. Tordus.

Niki: Ah! Hélas! Si seulement il était resté à Ephèse, avec la
santé, bien entendu! L'arrêt d'Ephèse, lui eut été salutaire! Mais
bon! Et puisqu'il faut perdre ce pognon, allons-y gaiement et
perdons-le gaiement! Je rentre à la maison, chercher les deux
cent mille dollars. Tu m'attends; je reviens.

Lartiche: Ça y est: c'est la prise de Troie qui commence sous vos
yeux!

Bidon: On a bien fait de rester!

Le Chœur: I. Un, deux et trois.
            II. La Troyes dans l'Yonne.
           III. La lionne dans Troie.
            IV. La Troie ilionne!

Lartiche: Troie est saccagée. Troie est ravagée... Mais les gonds
de la porte principale crient et gémissent! On sort le butin!
Voici le vieux Priam qui s'avance en personne!

Niki: Tiens, Lartiche, tu prends cette liasse et tu la portes à Mnésy. Moi je vais au *forum* régler le militaire.

Lartiche: Pas question! Pas question! Moi je ne veux pas être compromis dans cette histoire!

Niki: Tu prends et tu fais pas suer!

Lartiche: Rien à glander!

Niki: Tu fais pas suer, s'il te plaît!

Lartiche: Rien à cirer, te dis je!

Niki: Alors-là, ce coup-ci, tu m'escagaces!

Lartiche: Bon! Enfin! Comme tu voudras! Aboule l'artiche, puisqu'il le faut absolument!

Niki: Merci! Je file et je reviens.

Lartiche: Tu files, tu files, et moi je défile! Je défile à la tête de mes forces terrestres, aériennes et navales imaginaires... On va sabler le champagne. Il va y avoir des cuites dans les casernes! J'ordonne une gueule de bois générale! Pour fêter mon triomphe magistral!

Bidon: Ainsi la Secte finit toujours par l'emporter: les parents trinquent parce que leurs enfants boivent.

Le Chœur: I. Buvons! Bavons!

II. Les beuveries!

III. Les bovidés!

IV. Bidasses! Buvasses!

ACTE V Scène 1

PHILO

Philo: Plus je remâche en moi-même toutes les fredaines de mon fils et le déplorable genre de vie dans lequel ce maladroit a sombré, la tête la première, plus je sens grandir mes soucis et mon inquiétude. Pourvu qu'il n'aille pas jusqu'à se perdre ou se dépraver de façon irréparable! Je sais bien: j'ai eu le même âge, moi aussi, et j'en ai fait d'aussi belles, moi aussi... Mais, de mon temps, on savait s'arrêter à temps! J'avais ma liaison avec une petite que j'entretenais. On buvait sec. Je lui donnais de l'argent. Je lui faisais des présents. Oui, mais pas à tout bout de champ! Notez bien que je n'approuve pas pour autant l'attitude que j'observe chez beaucoup de parents vis-à-vis de leurs enfants. Je me suis donné pour principe d'allouer suffisamment d'argent à cet enfant, afin qu'il puisse se passer ses petites fantaisies. Tout cela me semble naturel. Mais attention: qu'on ne me prête pas l'intention de favoriser ainsi ses propensions à l'inaction! Je vais de ce pas voir si Mnésy s'est acquitté de sa mission. Voyons si par son action le garçon se sera rangé dans la bonne direction. Je suis d'ailleurs certain de son succès, pour peu cependant qu'il ait pu le rencontrer. La chose est dans ses cordes, c'est un fait.

Scène 2

NIKI, PHILO, BIDON ET LE CHŒUR.

Niki: Tout ce que le vaste monde peut, a pu et pourra jamais produire en fait de lourds et de balourds, de décervelés et de décérébrés, de benêts, de baveux et de bouffis, à moi tout seul, je les dépasse et de loin en stupidité et par l'énormité de ma bêtise! J'en crève de honte. A mon âge! Me laisser prendre deux fois de suite à leurs pièges! Comment peut-on être aussi bête? Et plus j'y songe, et plus les turpitudes de mon fils me brûlent le cœur. On me tue, on m'assassine, on me torture sous mille supplices! Je porte la souffrance du monde entier! Je succombe sous le poids de mille morts! Lartiche aujourd'hui m'a dépecé, Lartiche m'a dépouillé! Hélas! Que je suis misérable! Le *gangster* m'a tondu tout mon or! Le maître-fourbe a abusé autant qu'il se pouvait de ma stupidité! Grâce au militaire, j'ai appris toute l'affaire: la belle que l'on me présentait comme étant son épouse, n'était en réalité qu'une fille à partouse! en détail il m'a tout raconté: il l'avait louée pour une année, et moi, de tous les imbéciles le plus parfait, je lui avais offert une indemnité, qui ne correspondait en vérité qu'au dédit de cette rouée! Voilà, voilà ce qui m'écœure à en vomir! Voilà ce qui me crucifie à en mourir! Etre ainsi ridiculisé, à mon âge! Etre ainsi tourné en ridicule, j'enrage! Comment! Avec ces cheveux blancs, avec cette barbe blanche, comment! Me laisser ainsi moucher tout ce que je possédais? Je suis mort! Et que ce soit mon esclave encore, un type qui ne vaut pas un clou, qui m'ait osé faire ce coup! Bien moindre serait ma rancœur et bien minime ma douleur, si la perte m'était venue d'ailleurs, eût-elle été encore de plus d'ampleur!

Philo: Ah! Il me semblait bien aussi avoir entendu quelqu'un par ici. Mais qui est-ce que j'aperçois? Mais c'est le propre père de Mnésy.

Niki: (*Se retournant*) Bon! Voici mon compagnon de souffrance et de misère. Bonjour Philo!

Philo: Bonjour! Où en es-tu?

Niki: Où peut en être un pauvre bougre quand il est dans la poisse!

Philo: Exactement la place qui me convient à moi également: dans la poisse, avec les pauvres bougres!

Niki: Nous en sommes donc au même point pour l'âge et pour la poisse.

Philo: Tu l'as dit! Mais toi, qu'est-ce qui ne va pas?

Niki: Exactement la même chose que toi!

Phio: Tes ennuis auraient-ils par hasard rapport avec ton fils?

Niki: Absolument.

Philo: Et c'est aussi le mal qui me tenaille au cœur.

Niki: Moi, en plus, j'ai Lartiche, un sympathique garçon qui nous a coulés, moi, mon fils, et tout ce que je possédais.

Philo: Mais, ton fils, quel genre d'ennuis t'a-t-il causés exactement?

Niki: Ecoute, voilà: il se perd avec ton fils, chacun avec sa chacune.

Philo: Qui te l'a dit?

Niki: Mes propres yeux!

Philo: Misère de misère! C'est le coup de grâce!

Niki: Sans plus tarder, allons cogner dans cette porte pour les extirper de là-dedans tous les deux.

Philo: Oui... Sans plus tarder... Allons cogner!

Niki: Eh! Les Bacchus! Faites-nous gentiment ouvrir cette porte... Immédiatement, si vous ne voulez pas qu'on vous la mette en miettes, cette porte, et avec les montants en plus, à coups de hache!

Scène 3

BACPLUS, NIKI, BACSANS, PHILO, BIDON ET LE CHŒUR.

Bacplus: (*Au balcon*) Quel tohu! Quel bohu! Qui est-ce qui m'appelle en cognant dans ma porte?

Niki: Lui et moi: nous, quoi!

Bacplus: (*A Bacsans*) Tu comprends ce que cela veut dire, mon chou? Qui peut bien nous envoyer ces brebis?

Niki: Petites misérables! Elles nous traitent de brebis!

Bacsans: Leur berger a dû piquer un somme pour qu'elles aillent ainsi vagabonder à l'écart du troupeau?

Bacplus: (*Montrant les crânes dégarnis*) Mon Dieu, comme elles reluisent! Elles m'ont l'air bien proprettes l'une et l'autre.

Bacsans: Faut dire que l'une et l'autre, on les a tondues radicalement!

Philo: Apparemment, c'est notre fête!

Niki: Laisse les rire tout leur saoul!

Bacplus: D'après toi, on les tond trois fois par an?

Bacsans: Ce qui est sûr du moins, c'est qu'il y en a une qu'on a déjà tondue deux fois rien qu'aujourd'hui!

Bacplus: Elles sont passablement faisandées, les brouteuses de thym...

Bacplus: Regarde s'il te plaît comme elles nous font les doux yeux de travers!

Bacsans: Oh oui! Ça n'a vraiment pas du tout l'air tellement méchant!

Philo: Bien fait pour nous! On n'avait qu'à pas y aller!

Bacplus: Si on les invitait à entrer?

Bacsans: Je me demande si ça en vaut la peine. Elles n'ont plus ni lait ni laine. Leur prix d'achat est bien amorti! Il n'y a plus rien à en tirer. D'ailleurs, tu vois bien comme on les laisse paître en liberté. Je crois de plus que l'âge les a rendues

muettes. Elles ne bêlent même plus alors qu'elles se sont éga-
rées du troupeau. Elles ont l'air plus bêtes que méchantes!

Bacplus: Bon, alors, on rentre, petite sœur.

Niki: Restez ici toutes les deux! Ces… brebis ont deux mots à
vous dire.

Bacsans: Miracle! Des brebis qui nous causent et avec une voix
humaine encore!

Philo: Ces brebis vont vous régler votre compte.

Bacplus: Si tu as quelque chose en compte, je t'en fais cadeau! On
efface tout, on ne te renverra pas l'ardoise! Je ne comprends
vraiment pas pourquoi ces menaces de règlement de compte?

Philo: (*Courtois*)   Parce que
           on nous a dit,
         que vous teniez,
           enfermés,
           là-dedans,
           nos deux…
           agneaux!

Niki: Et en plus,
        de ce deux agneaux,
vous avez également à l'intérieur un chien à moi, qui mord
par-derrière! Si on ne nous les amène pas immédiatement, si
on s'oppose à ce qu'ils sortent, nous allons devenir des… des
béliers enragés, qui risquent fort et très brutalement de… vous
sauter dessus!

Bacplus: Je voudrais te dire un mot en particulier, petite sœur.

Bacsans: Mais naturellement, mon chou.
    (*Elles se retirent un peu*).

Niki: Où s'en vont-elles?

Bacplus: (*Montrant Philo*) Tu vois le petit vieux là, le plus éloigné
des deux? Je te le laisse. Tâche de l'apprivoiser en douceur.
Moi je vais m'attaquer à l'autre coléreux. Tentons de les
entraîner à l'intérieur.

Bacsans: Je ferai de mon mieux, mais n'empêche que cela ne me
chante guère d'aller embrasser la Mort en face.

Bacplus: Faut ce qu'il faut! Quand il faut y aller, faut y aller!

Bacsans: Trêve de parlottes. Fais ton ouvrage. Moi je me tiendrai à ce que j'ai dit.

(Elle disparaissent pour descendre dans la rue).

Niki: Qu'est-ce qu'elles peuvent bien manigancer dans leurs conciliabules?

Philo: Dis-moi, l'ami…

Niki: Oui, quoi?

Philo: … Cela me gêne un brin de te faire cette confidence, mais…

Niki: De la gêne, entre nous?

Philo: … Mais je voudrais que tu saches ceci, toi qui es de mes amis: voilà, je suis un moins-que-rien!

Niki: Bon! Ce n'est pas une découverte! Explique-moi plutôt pourquoi tu as pris conscience de n'être qu'un pas-grand-chose?

Philo: Je ne peux plus résister: la glu me colle les ailes et j'ai la flèche en plein cœur…

Niki: Vaudrait mieux l'avoir dans la patte! Mais raconte toujours. Je commence à avoir ma petite idée, mais j'aimerais assez te l'entendre confirmer.

(Les Bacchides sortent).

Philo: Tu vois cette petite?

(Il montre Bacsans).

Niki: Sans doute… que je la vois…

Philo: Ben! Tu vois! Finalement, je ne la trouve pas si vilaine que cela.

Niki: Ah! Mais si: qu'elle est vilaine! Et toi tu n'es qu'un moins-que-rien.

Philo: Bref, j'en suis amoureux!

Niki: Toi, amoureux?

Philo: *Yes, sir!*

Niki: Comment! Toi, vieux machin, à ton âge, tu oses encore jouer les jolis cœurs?

Philo: Ben, et alors, pourquoi pas?

Niki: Parce que… C'est une honte! Une horreur!

Philo: Enfin quoi, pour finir, je ne suis plus en colère contre mon fils! Il serait injuste que tu n'en fasses pas de même pour le tien. Ils aiment et ils font très bien.

Bacplus: (*A Bacsans qui hésite à approcher*) Alors, tu viens?

Niki: Tout de même! Les voilà les séductrices, les institutrices du vice! Alors, quelle est votre décision? Vous nous rendez nos fils et cet esclave, ou faudra-t-il employer les grands moyens?

Philo: Veux-tu bien décamper? Quel manque d'humanité! Voyez un peu sa façon de parler si peu gentiment à une si gentille petite dame!

Bacplus: (*A Niki*) Ô toi le plus délicieux des vieux messieurs qui soient sur terre! Oh! Laisse-moi embrasser tes genoux en suppliante et te conjurer de renoncer à poursuivre et à pourfendre les coupables!

Niki: Si tu ne décampes à l'instant, toute mignonne que tu sois, je te réserve le pire traitement!

Bacplus: Je ne me débattrai pas! Je n'ai pas peur d'éprouver la moindre douleur, puisque c'est toi qui me frapperas!

Niki: Ah! L'enjôleuse! Pauvre de moi, la crainte m'envahit!

Bacsans: (*Cajolant Philo*) Le mien; il est plus pacifique.

Bacplus: (*A Niki*) Viens à la maison et si cela te dit, tu pourras faire l'am'… la morale à ton fils.

Niki: Arrière! Scélérate!

Bacplus: Je t'en prie, ô digne objet de ma vénération, exauce ma prière…

Niki: Que j'exauce ta prière, moi?

Bacsans: Le mien, en tout cas, il exaucera la mienne…

Philo: Et disons mieux: c'est moi qui te supplie de m'emmener chez toi!

Bacsans: Qu'il est gentil le môssieur!

Philo: Mais, tu sais à quelle condition tu pourras m'emmener chez toi?

Bacsans: … Que je te place tout près!

Philo: Oui! Tu devines tous mes désirs.

Niki: J'ai déjà vu pas mal de moins-que-rien, mais des moins-que-toi, jamais!

Philo: Voilà! Je suis comme ça!

Bacplus: (*A Niki*) Viens! Entrons tous les deux! Tu auras droit à la première classe: petits plats, champagne et subtils parfums…

Niki: J'en ai par-dessus la tête de vos invitations! C'était parfait comme cela, merci bien! Avec les quatre cent mille dollars que mon fils et Lartiche m'ont empruntés de force! Et quant à celui-là, m'en proposerait-on le double, que je ne renoncerais pas au plaisir de le voir supplicier.

Bacplus: Finissons-en: si on te remboursait la moitié de ton argent, qu'est-ce que tu ferais? Accepterais-tu d'entrer chez elles et de pardonner aux autres leurs erreurs?

Philo: Naturellement, qu'il accepterait!

Niki: Absolument pas! Pas du tout! Je m'en soucie bien! Laissez-moi tranquille: j'aime mieux me venger de ces deux sombres individus.

Philo: À présent, des moins-que-rien, on va en être deux, si par ta faute, tu laisses filer cette bonne occasion que t'offrent les Dieux: on t'en propose la moitié, accepte, bois et prend la place que te réserve la mignonne!

Niki: Moi, qu'au lieu même où l'on pervertit mon fils, j'aille boire?

Philo: Il faut boire! En latin: «*Nunc est bibendum*!» Le *Bibendum*-Michelin, *you see*?

Niki: Alors, allons-y, quoi que ce soit qu'il en soit, et bien qu'il s'agisse en somme d'une infamie, je subirai en silence, je poserai un bâillon sur mon cœur... Mais, ôte-moi d'un doute: pendant qu'elle couchera avec lui, on ne m'imposera tout de même pas d'assister en simple spectateur à leurs ébats? Il faudrait me regonfler les pneus, moi aussi!

Bacplus: Mais non! Moi je ne veux coucher qu'avec toi, c'est toi qui sera mon chou, toi que je serrerai fort, fort...

Niki: La tête me démange. Je suis fini. Je ne sens plus la force de refuser.

Bacplus: Ne te tracasse pas, mon minet, du moment qu'on peut prendre du bon temps, faut en profiter pendant qu'on est encore ici! Cela ne durera pas éternellement. Ce que tu auras laissé filer aujourd'hui, ne se retrouvera jamais plus quand on n'y sera plus!

Niki: Qu'est-ce que je fais?

Philo: Tu le demandes encore?

Niki: Cela me dirait bien, mais j'ai peur...

Philo: Peur de quoi?

Niki: Peur que mon fils et l'autre ne me le fassent payer cher.

Bacplus: Mon minou, mon raton, et même si c'était le cas... Ton fils est ton fils... Réfléchis un peu: d'une façon ou d'une autre, tout l'argent qu'il aura jamais, d'où lui viendra-t-il, sinon de ce que tu lui auras donné toi-même? Allons, laisse-moi encore implorer leur grâce.

Niki: Elle me travaille à coup d'épingles! Se peut-il que mes résolution si fortes plient devant ses implorations?.........

......Je suis ton œuvre et, à cause de toi, une créature passablement méprisable.

Bacplus: Mieux vaut être mon œuvre que d'être manœuvré par personne! Bien, mais cette fois, puis-je compter sur cette ferme résolution-là?

Niki: Quand j'ai dit quelque chose, je n'y reviens pas! Moi!

Bacplus: (*Après quelques rires*). Le jour décline, entrez et prenez place. Vos fils, à l'intérieur, brûlent d'impatience de vous voir!

Niki: Oh!... Oui! De nous voir... morts et enterrés!

Bacsans: Le soir descend, venez avec nous.

Niki: Conduisez-nous où bon vous semblera, comme de véritables esclaves.

Bacplus: (*A Bacsans*) Pour des messieurs qui venaient tendre à leurs fils des filets, on les a joliment ficelés! En avant! Une, deux, ...

(*Un interlude musical bref, tempo de marche, tout le monde défile et rentre chez les Bacchus. Au moment où l'on croirait que tout est fini, les acteurs réapparaissent pour danser sur le récitatif suivant*).

I. Si ces vieillards n'avaient pas été des-moins-que-rien dès leur jeunesse,

II.   ils n'infligeraient pas aujourd'hui pareil déshonneur à leurs cheveux blancs!

III. Quant à nous, nous n'aurions jamais monté un tel spectacle, si nous n'avions observé,

IV.   dans le passé certains exemples
où, dans des maisons closes, des pères se sont retrouvés...
V.   Nez à nez, avec leurs fils, pour rivaux!
VI.   Et quant à vous, spectateurs,
VII.   Nous vous souhaitons la santé,
VIII.   Afin que, comme eux, vous puissiez...
Bidon: Et vigoureusement encore...
    (*Geste obscène*).
Le Chœur: I. Nous applaudir!
             II. Nous aplatir!
             III. Nous épater!
             IV. Nous appâter!